国家出版基金项目
NATIONAL PUBLICATION FOUNDATION

甲骨文金文考释与研究

第四卷

甲骨学与中国古文字学

胡澱咸◎著

安徽师范大学出版社
·芜湖·

图书在版编目(CIP)数据

甲骨文金文考释与研究.第四卷,甲骨学与中国古文字学/胡澱咸著.—芜湖:安徽师范大学出版社,2022.7

ISBN 978-7-5676-5782-3

Ⅰ.①甲… Ⅱ.①胡… Ⅲ.①甲骨文—研究②金文—研究 Ⅳ.①K877.14②K877.34

中国版本图书馆CIP数据核字(2022)第119562号

甲骨文金文考释与研究:第四卷

甲骨学与中国古文字学

JIAGUXUE YU ZHONGGUO GUWENZIXUE

胡澱咸◎著

总 策 划:张奇才

责任编辑:李 玲　　责任校对:翟自成

装帧设计:张 玲 桑国磊 姚 远　　责任印制:桑国磊

出版发行:安徽师范大学出版社

芜湖市北京东路1号安徽师范大学赭山校区　邮政编码:241000

网 址:http://www.ahnupress.com

发 行 部:0553-3883578 5910327 5910310(传真)

印 刷:安徽新华印刷股份有限公司

版 次:2022年7月第1版

印 次:2022年7月第1次印刷

规 格:787 mm × 1092 mm 1/16

印 张:13.75

字 数:158千字

书 号:ISBN 978-7-5676-5782-3

定 价:180.00元

目录

甲骨文的发现及甲骨学发展的概况……一
甲骨学简介……一四
甲骨断代……四二
汉字的起源……五四
汉字的使用……六三
汉字的结构及其演变……八一
中国文字发展述略……九四
论通假……一二一

文字学研究什么……一三一
中国文字学中形而上学的批判……一四二
考释古文字的方法问题……一八二
胡濲咸传略……二〇八
后　记……二一五

甲骨文的发现及甲骨学发展的概况

一 甲骨文的发现

甲骨文是清光绪二十四年到光绪二十五年（一八九八至一八九九年）发现的。

甲骨文的发现虽然是偶然的，但也是在一定的条件之下，即在一定学术潮流影响之下才被人注意和认识的。甲骨埋在地下，在此以前早就有出土了。有记载可稽的，早在北宋时，安阳就有许多铜器出土。近代在安阳作考古发掘，所发掘的墓葬，很少有没被盗掘过的。北宋以来安阳就有许多古器物出土，当时也可能就有甲骨出土了。在甲骨文被人认识为古代文字以前，当地农民已有发掘甲骨。他们说是龙骨，当作药材卖给药铺。上面有字的把字刮掉，卖给药铺，更可见甲骨早就出土了。为什么直到清末才被人所重视呢？这看上去好像是偶然的，但其实并不是偶然的。这乃是在一定的条件之下，即在一定的学术潮流影响之下才被人认识的。风气使学者注意到这件事，认识到这是我国最古的文字。

从北宋时起，有一种新的学问兴起，即金石学。当时如杨南仲、刘恕、欧阳修都爱好钟鼎金石文字，他们收藏钟鼎彝器和石刻，研究其文字，如欧阳修有集古录，赵明诚有金石录，吕大临作考古图，王黼作博古图，薛尚功作历代钟鼎彝器款识等。他们考释彝器上的文字，并以之研究古代的礼仪制度。例如，我们今天所说彝器的名称基本上就是他们考订的。及至清代乾隆、嘉庆时期，文字、训诂之学逐渐兴盛起来，于是彝器古文字也渐为人注意。乾隆时（十四年，即一七四九年）刊印了西清古鉴。嘉庆时阮元大力提倡研究古文字，他作积古斋钟鼎款识。于是收藏和研究古器物古文字之风更盛起来。除他们收藏鼎器和兵器之外，古代货币、印玺、玉器、陶器、砖瓦等都有人搜集和研究。自嘉庆以后到光绪时期，金文之学日盛一日。在这样浓厚的对古金文研究的风气之下，学者们看到了比古金文还要早的甲骨文字，自然视若瑰宝，欣喜不已。

甲骨最初是当地农民挖得后，当作龙骨卖给药铺做药。上面有字的药铺不收，他们就把字刮掉。安阳一带是出土古铜器等古物很多的地方，北方的骨董商经常到那里收购，然后到北京、天津去卖。当时有个山东潍县骨董商常到安阳一带收购古物，他知道当时北京和天津有些文人重视古物上的文字。一八九八年，他到安阳，看到有刻字的甲骨，收购了一些，带到北京给王懿荣看。王懿荣，山东福山人，当时为国子监祭酒，是爱好金石的。见到这些甲骨上的文字，认识到这是一种古文字，大为惊叹，他买了十二片，据说每片价值白银二两。这是甲骨文为学者所知之开始。此后骨董商范某和另一骨董商赵执斋又两次卖给王懿荣一千多片。

关于王懿荣发现甲骨文还有一种传说，说王懿荣生病，到药铺去买药，得一片有字的龟版。

在王懿荣搜集甲骨的同时，天津王襄和孟定生也搜集甲骨。据王襄题所录贞卜文册说，光绪二十五年（己亥）秋山东潍县骨董商携甲骨到他处求售，他和孟定生知是古代的契刻，他们买了许多。

最早发现甲骨文者应是王懿荣、王襄和孟定生。

一九〇〇年八国联军攻进北京，王懿荣投水而死，一九〇二年他的儿子把他收藏的甲骨大部分卖给刘鹗。

二　甲骨的搜集、发掘和著录

甲骨被发现以后，不久为人们所知，于是爱好金石的学者也积极地购买搜集。这里第一个要说的是刘鹗。刘鹗是个有多方面学问的人，他提倡洋务，主张开矿、筑铁路。他写了一部小说老残游记。他又研究金石学。他从光绪二十七年（一九〇一年）起就开始搜集甲骨。一九〇二年王懿荣的儿子把他家中所藏甲骨卖给刘鹗。刘鹗又和北京琉璃厂的骨董商联系，为他购买。过去卖甲骨给王懿荣的骨董商也为他搜集。很快他所收的甲骨多于王懿荣几倍。

光绪二十八年（一九〇二年），刘鹗在上海与罗振玉谈起甲骨，并把他所藏甲骨给罗振玉观看。罗振玉也是好古的人，看到这些从所未见的甲骨自然神往，于是怂恿他拓印出版。光绪二十九年（一九〇三年）刘鹗把他的甲骨一千多片付印，这就是第一部甲骨著录书铁云藏龟。甲骨学就从此开始。

继刘鹗搜集甲骨者是罗振玉。光绪二十七年（一九〇一年）他在刘鹗处看到甲骨拓片，光绪二十八年（一九〇二年）他又在上海刘鹗处看到甲骨实物，便也开始收购。光绪三十二年（一九〇六年）他到北京做官，向骨董商范维卿、赵执斋等大量收购。在此以前，王懿荣和刘鹗向骨董商收购甲骨，甲骨出土的地方骨董商始终保密，不肯告人。如若问到，他们便诡称是汤阴出土的。罗振玉千方百计地向范维卿购买甲骨，范终于告诉罗甲骨出土于安阳。罗振玉考证安阳就是殷虚，是殷代晚期的都城，认为甲骨上的文字当是殷代的文字。于是他撇开骨董商，自己直接到安阳收购。宣统元年到宣统三年（一九〇九至一九一一年），他三次派他的弟弟罗振常和内弟范兆昌到安阳收购。罗振玉是有钱的，他几年之内搜集了一万多片甲骨，此后几年陆续地把它们都拓印出来：

民国二年（一九一三年）出版殷虚书契前编二十卷，著录甲骨二千一百零六片。

民国三年（一九一四年）出版殷虚书契菁华一卷，著录大骨八片，小骨六十片。

民国五年（一九一六年）出版殷虚书契后编二卷，著录甲骨一千余片。

在此期间，罗振玉又对甲骨作了相当深入的研究，考证其历史，考释其文字，不但使甲骨流传更广，引起学者的重视，也初步奠定了甲骨学的基础。

与罗振玉同时搜集甲骨者还有端方和沈曾植等，不过他们所收甚少。

甲骨被发现以后，不久就引起外国人的注意，他们也进行收购。最早收购甲骨者是山东潍县长老会美国宣教士方法敛（Dr.H.Chalfant）和青州浸礼会英国传教士库寿龄（Rev.Samuel Couling）。他们在一九〇三年就从骨董商手中收购甲骨。据说当时潍县的骨董商范维卿在北京有不少甲骨。八国联军进入北京，范维卿把这些甲骨运回潍县家乡。因而方法敛和库寿龄就向他购买。他们把甲骨运到欧洲卖给博物馆和私人收藏家，获重利。据说库寿龄前后卖到国外的甲骨有一万到两万片之多。

同时，潍县广文学校校长柏根（Dr.Paul.D.Bergen）在一九〇四至一九〇八年也收购甲骨。

库寿龄、方法敛二人所收购甲骨一部分被印为库方二氏藏甲骨卜辞。方法敛收购甲骨，摹写其文字，编为甲骨卜辞一书。一九一四年方法敛回国，卒。他的朋友白瑞华（R.S.Briton）一九三八年从中选印一部分，其中有甲骨卜辞七集一种。

库寿龄把许多甲骨卖给英国人金璋（L.C.Hopkins），编印了金璋所藏甲骨卜辞一书。

柏根氏所藏为数不多，后由明义士（J.M.Monzies）编为柏根旧藏甲骨文字一书，所收仅七十四片。

安阳长老会加拿大牧师明义士一九一四年起也大肆收购甲骨。因为他就在安阳，近水楼台，钱又多，所以购买了很多，一九一七年编印为殷契卜辞。又有一部分，新中国成立后胡厚宣收入其所编战后南北所见甲骨中。

同时日本人也通过骨董商收购甲骨运往日本。据估计，一九二八年以后运往日本者约有一万片。林泰辅编为龟甲兽骨文字二卷，著录甲骨近千片。于是甲骨学不仅中国人研究，外国人也研究，遂变成世界性的学问。

三　殷虚发掘

自从一八九九年甲骨文字被发现后，经过二十多年学者们的搜集，拓印编著成书和研究，对学术界产生了很大的影响，大家都认为甲骨文是一门新的而又重要的学问，研究者也逐渐增加，受到学术界的重视。

但过去甲骨都是当地农民乱挖乱掘寻找出来的，然后通过骨董商转卖给收藏家，而不是像考古学者用科学的方法发掘的。这样乱挖乱掘，不仅对甲骨有破坏，而且农民和骨董商可以造伪，更重要的是，这样一个极其重要的文化遗址也会被破坏。所以有许多学者都要求由国家组织考古学者用科学的方法对殷虚进行发掘，不仅研究甲骨文字，也要研究其他文化遗物。

一九二八年『中央研究院』历史语言研究所开始对殷虚进行发掘。从一九二八年至一九三七年总共发掘了十五次，不仅发掘了小屯殷代都城遗址，还发掘了许多墓葬。在这多次发掘中，得甲骨两万多片，这些甲骨小屯甲编和乙编共著录一万三千零四十七片（甲编三千九百四十二片，乙编九千一百零五片）。一九五七年台湾省又编印了殷虚文字丙编，是否把发掘所得的甲骨全部发表了，不得而知。

与『中央研究院』历史语言研究所发掘同时，一九二九至一九三〇年，当时的河南省博物馆与历史语言研究所争夺，也对殷虚做了两次发掘，共得三千多片甲骨，编为殷虚文字存真及甲骨文录二书。

一九七三年，中国科学院考古研究所安阳工作队对小屯南地进行了发掘，获得甲骨七千多片。这批甲骨已经编为小屯南地甲骨一书。

以上是甲骨出土和流传大致的情况。出土的甲骨总共有十多万片，但确数还是不能知道。胡厚宣说有十六七万片，陈梦家说约十万片。这十多万片甲骨大多存在我国国内，其余散在日本、加拿大、美国、英国及法国。我国考古研究所编印的甲骨文合集，收录甲骨五万余片，为甲骨发现以来，最大的一部甲骨著录著作。

四　甲骨的研究

甲骨文被发现以后，学者们即开始进行研究。随着甲骨的日益增多、学者的日益重视，研究者也日益增多，研究的范围便也日益扩大，程度也日益深入。这里我想从几方面说一说研究发展的情况。

（一）甲骨出土地点和时代的考定

最初王懿荣和刘鹗收购甲骨时，甲骨出土的地点，骨董商不告诉他们，谎称出土于河南汤阴的羑里城，或说出土于河南卫辉的朝歌故址。所以王懿荣和刘鹗都不确切地知道甲骨究竟出于何地，是什么时候的文字。刘鹗说是商代的文字，孙诒让说是商周之间的文字，罗振玉起初说是夏商之间的文字。

一九〇八年（光绪三十四年）罗振玉从骨董商处得知甲骨出土于安阳小屯。一九〇九至一九一一年（宣统元年至宣统三年），罗振玉三次派他的弟弟和内弟到安阳收购甲骨，于是完全证实了甲骨出土于安阳洹水南岸的小屯村。据史记项羽本纪，项羽大败秦兵于漳水之南，秦将章邯求和，『项羽乃与期洹水南殷虚上』。罗振玉据此认为甲骨出土的小屯村就是殷虚。史记殷本纪：『帝武乙立，复去亳徙河北。』罗振玉又据此说殷虚乃是武乙的都城。甲骨刻辞有许多殷代帝王的名谥，罗氏推定这为殷王室之物。一九一〇年，他作殷商贞卜文字考序云：『发现之地乃在安阳西五里之小屯而非汤阴。其地为武乙之墟。又于刻辞中得殷帝王名谥十余，乃恍悟此卜辞者实殷王室之物也。』罗氏这一考证是很重要的。这就确定了甲骨是殷代晚期王室的贞卜用以记载卜辞之物。其时代和性质确定了，就使研究方便多了。

但殷虚究竟是殷代什么时候的都城，甲骨究竟是哪些王时代的遗物，罗氏所说并不全正确。

汉书项籍传注引应劭说：『殷虚故殷都也。』小屯殷虚后汉时代人已知道是殷代的都城了，但是哪些王时的都城则不明了。宋以来多认为是河亶甲时的都城，称其地为河亶甲城。罗振玉根据史记殷本纪『武乙徙河北』及帝王世纪『帝乙复济河北，徙朝歌』，认为殷虚是武乙、太丁、帝乙三代的都城，甲骨就是这三代的遗物。这显然是错的。

史记殷本纪集解引竹书纪年：『自盘庚迁殷至纣之灭二百七十三年更不徙都。』史记项羽本纪索隐引汲冢古文：『盘庚自奄迁于北冢曰殷虚，南去邺州三十里。』尚书盘庚正义引纪年：『盘庚自奄迁于殷，殷在邺南三十里。』王国维据此说小屯是盘庚开始为都城的，但同时他又相信帝乙迁都说，认为甲骨下限是帝乙。后来董作宾则根据竹书纪年及所收的甲骨，说小屯是从盘庚到帝辛时的都城，现在大家都依从此说。

不过这是否完全正确还是有问题的。根据竹书纪年，小屯是盘庚时的都城。但考古发掘，只发现武丁以后的甲骨，盘庚、小辛、小乙时的甲骨不但没有发现，而且这三代的墓葬也没有发现。如果盘庚时小屯也为殷都，为什么不见这三代的遗物呢？这不矛盾吗？小屯的殷虚是否为盘庚所迁的都城，不能不令人怀疑。

我怀疑小屯的殷虚是武丁时始建的都城。除了小屯没有发现武丁以前的遗物外，还有两点值得注意。一是古书说武丁曾迁都，二是卜辞有武丁作邑的记载。文献记载有武丁以后武丁迁都、庚丁迁都、武乙迁都和帝乙迁都的传说。

国语楚语：『昔殷武丁能耸其德，至于神明，以入于河，自河徂亳。』韦昭云：『迁于河内，从河内往都亳。』

括地志：『纣都朝歌，在卫州东北七十三里，朝歌故城是也。本沬邑，殷王武丁始居之。』（史记周本纪正义引）

水经注淇水：『「其水南流，东屈迳朝歌城南。」晋书地道记曰：「本沬邑也。」诗云：「爰采唐矣，沬之乡矣。」殷王武丁，始迁居之，为殷都也。』

史记三代世表：『帝庚丁，廪辛弟，殷徙河北。』

史记殷本纪：『帝庚丁崩，子帝武乙立，殷复去亳徙河北。』

帝王世纪：『帝乙复济河北，徙朝歌，其子纣仍都焉。』（史记周本纪正义引）

考古发掘证明，自武丁迁都小屯以后至帝辛确都安阳，并没有迁都。这里所说的庚丁、武乙、帝乙迁都很明显都是错误的。这显是武丁迁都一事之误传。晋书地道记和括地志都说武丁迁于朝歌，而帝王世纪说帝乙也是迁于朝歌，可见这必是一事。

卜辞有武丁作邑。如：

『庚午卜，丙贞，王作邑，帝若。』（乙缀六一）

『庚午卜，丙贞，王勿作邑兹。』（乙缀六一）

『（缺）卜，争贞，王作邑，帝若。』（续一三・一二）

『（缺）王作邑，帝若。』（后下一六・一七）

诗大雅文王有声：『既伐于崇，作邑于丰。』郑玄云：『作邑者徙都于丰。』武丁作邑也必是迁都。卜辞有作大邑。

『戊申卜，亘贞，勿作大邑于囗。』（金六九〇）

『贞，作大邑于唐土。』（金六一一）

卜辞又有作『大囗』。

『庚申卜，争贞，作大囗。』（粹一七二）

『囗』郭沫若释『丁』，是错的。这乃是说文之『囗』字。说文云：『囗，回也，象回帀之形。』我以为这乃是象城墙环绕之形，『作大囗』也即作大邑。尚书召诰：『王来绍上帝，自服于土中。旦曰其作大邑，其自时配皇天。』尚书多士：『今朕作大邑于兹雒。』周公作成周雒谓作大邑，武丁作『大邑』，也必作都城。安阳殷虚是武丁所迁居的都城，似无可疑。

（二）甲骨文字考释

研究甲骨，首先当然是认识文字。文字认识了，才能进行其他研究。自甲骨被发现以来，学者在这方面所用的力量最多。对于甲骨文字的研究可以分为三个方面：一是认识单字，二是考释卜辞，三是编辑字汇。

最早研究甲骨文字者为孙诒让。一九〇三年铁云藏龟出版，他就立刻根据此书对甲骨文进行研究。一九〇四年，他写成契文举例。这部书当时没有出版，直到一九一六年（民国五年）罗振玉才把它印出来，收入玉简斋丛书。这部书现在看自然质量不高，它所根据的只是铁云藏龟，材料很有限，自然有许多错误，但它是第一部考释甲骨文字的书。

在孙诒让之后便是罗振玉和王国维。一九一五年（民国四年）罗振玉撰殷虚书契考释并出版。在这部书里，罗氏考定四百八十五字可以认识。一九一六年（民国五年），他又撰殷虚书契待问篇，搜集不认识的字一千零三个。这部书可以说初步奠定了甲骨文字考释的基础。这部书也有王国维的力量。

甲骨出土者越来越多，收藏研究者也越来越多。除单文只字者外，考释文字编印成书者有叶玉森殷契钩沈（学衡第二十四期，一九二三年），说契研契枝谭（学衡第三十一期，一九二四年），陈邦怀殷虚书契考释小笺，商承祚殷虚文字考，余永梁殷虚文字考和续考（清华国学论丛，一九二九年），郭沫若甲骨文字研究等。

在文字方面，为了便于学者检查研究，又有人把甲骨编成字典检字形式的书，如商承祚的殷虚文字类编（一九二七年），王襄的簠室殷契类纂（一九二〇年），孙海波的甲骨文编（一九三四年）等。

(三)卜辞考释

起初刘铁云死后，他所藏的甲骨流散出来，后人收藏并编为书出版，附有考释。这最早的是王国维，一九一七年他的戬寿堂所藏殷虚文字附有考释。叶玉森的铁云藏龟拾遗，商承祚的福氏所藏甲骨文字，郭沫若的卜辞通纂　殷契粹编，唐兰的天壤阁甲骨文存，容庚的殷虚卜辞等都附有释文。这些释文，一方面解释卜辞，同时也考证文字。这些释文考释卜辞，不仅对考释文字有用，也研究卜辞的内容，这对研究甲骨和历史都有用。

除了对甲骨文字和卜辞考释以外，学者利用甲骨卜辞对殷代历史也进行了研究。这在罗振玉和王国维就已开始，如罗振玉一九一〇年作殷商贞卜文字考及一九一五年作殷虚书契考释，就考证了殷代都城、殷王的称号、占卜的方法等。一九一七年王国维作殷卜辞中所见先公先王考　殷周制度论，更利用甲骨考证殷王的世系和殷周的制度。到一九二七年殷虚发掘以及甲骨学更加发展了，学者都知道甲骨是研究殷代历史最真实、最重要的材料，于是从甲骨卜辞研究殷代历史更日盛一日了。

甲骨学简介

甲骨学是八十年前兴起的一门学问。这门学问主要的研究对象是安阳殷虚出土的甲骨文和甲骨刻辞。甲骨学是与考古学、文字学及中国古代史密切相关的。我们研究甲骨学主要也是为了研究中国古代史和中国文字学。因为这门学问有它特有的对象和范围，有其相对独立性，成为一门专门的学问，所以称之为甲骨学。

八十年来，许多学者辛勤地研究，取得了很大的成绩。但以全部甲骨的内容来讲，所了解的还是很少的。例如，甲骨文字估计有四千多字，而我们所能认识的不过九百字左右。这九百个左右的字中有些还不能说是真认识了。至于正确地利用甲骨文字和刻辞来研究殷代的历史，那更有待于学者的努力。我对于甲骨学知道得很少，更说不上有什么研究，这里我只能介绍一点甲骨学最粗浅的常识。

这里我想说四个问题：①甲骨的发现、著录和流传；②甲骨文研究的经过；③甲骨文的学术价值；④研究甲骨文的方法。

一　甲骨的发现、著录和流传

甲骨文是清末被发现的。甲骨文之所以在这个时候被发现是有其条件的，它是在一定学术潮流的影响下才被人们注意的。甲骨的出土早在此以前必就已经有了。有记载可稽的，在北宋的时候，安阳就有许多铜器出土。近代在安阳作考古发掘，所发掘的墓葬，很少有没被盗掘过的。北宋以来安阳就有许多古器物出土，当时也就可能有甲骨出土了。甲骨埋在地下是很浅的。当地农民种地掘土就可以挖到甲骨。据近代考古发掘，小屯村，即所说殷虚，上面一层是隋唐时代的墓葬。隋唐时代营墓安葬也必曾有过甲骨。清代在甲骨文没有被人们认识为古代的文字以前，当地农民就有发掘。他们说是龙骨，卖给药铺当药材。甲骨早就出土了，为什么直到清代光绪末年才为人所知呢？这是因为当时的学术风气使人们注意到这件事，认识到这是我国古代的文字。

从北宋时起，金石学兴起了，人们收藏碑刻和铜器铭辞，研究其文字，如欧阳修的集古录，赵明诚的金石录，吕大临的考古图，王黼的博古图，薛尚功的历代钟鼎彝器款识等书。他们研究铜器上的文字并用铜器铭辞研究古代的礼仪制度。这种金石之学到了清代更加发达。除了铜器、彝器和兵器以外，货币、印玺、玉器、陶器、砖瓦等都有人搜集和研究。乾隆、嘉庆以后，文字训诂之学又空前发达。利用古代文字来研究中国文字的要求便产生了。嘉庆以后，学者如阮元大肆提倡研究古文字。于是收藏研究古器物之风形成，金文之学便兴盛起来了。从嘉庆以后到光绪时期，这种金文之学日盛一日。在这样研究古金文的风气之下，发现了甲骨文这样比古金文还要早的文字，学者们自然视若瑰宝。

甲骨之发现最早是在一八九八至一八九九年（光绪二十四年到光绪二十五年）。在此以前，甲骨早已有出土了。当地农民挖掘甲骨，他们说是龙骨，卖给药铺里当药材。上面有字的药铺不要，他们就把文字削掉。有太小的字削不掉的就丢到井里去了。当时有个山东潍县的骨董商范某（范寿轩）常到安阳一带收购古物。他知道当时有一些文人重视古物上的铭刻文字。一八九九年他到安阳，看到有刻字的甲骨，收购了一些，带到北京送给王懿荣看。王懿荣当时在北京做官。他喜欢收藏金石，懂古文字，见到这些有文字的甲骨，认识到这种文字是一种古文字，大为惊赏。他买了十二片。据说每片价值白银二两。这是甲骨文为学者所知之开始。一九〇〇年（光绪二十六年）骨董商范某和另外一个骨董商赵某（赵执斋）又两次卖给王懿荣一千多片甲骨。

关于甲骨文的发现还有另外两种说法。一说一八九九年冬骨董商范寿轩到天津王襄处卖古器物。王襄告诉他所见到的甲骨，王襄同乡孟定生认为这上面是古文字，鼓励范某去搜集。第二年秋范某携甲骨到王襄处，因为范某索价太高，他们两个都没有钱，买不起太多，只买了少许，其余范某卖给了王懿荣。一说王懿荣生病，到北京某药铺买龙骨，得一有字之龟版，文字与金文相似，他就让药铺以后再得有字甲骨就给他。这样就发现了甲骨。此说恐不正确。王襄、孟定生与王懿荣同时发现和搜集甲骨则是事实。

自从王懿荣搜集甲骨以后，骨董商因为有利可图，便大量地收购甲骨带到北京去卖。一九〇一年（光绪二十七年）刘鹗开始搜集甲骨。一九〇一至一九〇三年（光绪二十七年至光绪二十九年），他从骨董商手里买得五千多片。一九〇〇年王懿荣死后，一九〇二年王懿荣的儿子把家中甲骨大部分也卖给刘鹗。刘鹗也是收集甲骨较早的人。

继刘鹗搜集甲骨者是罗振玉。一九〇一年罗振玉在刘鹗处看到甲骨拓片，甲骨文与过去所传的古文都不相同，他认为这是汉以来小学家所没有见到过的，惊欢不止。一九〇二年，他又在上海看到刘鹗所藏甲骨实物，乃怂恿刘氏选了一千多片拓印出版，这就是铁云藏龟。甲骨编印成书从此开始。

一九〇六年（光绪三十二年）罗振玉到北京，开始自己搜集甲骨。他大量地收购，不但从骨董商处收购，一九〇九至一九一一年（宣统元年至宣统三年）还三次派他的弟弟和内弟到安阳去收购。他收藏甲骨一万多片。

与罗振玉同时搜集甲骨的还有端方、沈曾植等，但为数不多。

罗振玉搜集甲骨，陆续编印成书，一九一三年（民国二年）出版殷虚书契前编，一九一四年（民国三年）出版殷虚书契菁华，一九一五年（民国四年）出版铁云藏龟之余，一九一六年

（民国五年）出版殷虚书契后编。这样甲骨流传便广泛起来，也就更加引起学者的注意。

王懿荣、刘鹗等认识甲骨文以后，帝国主义分子也便收购和劫掠。最早收购甲骨者是山东潍县长老会美国宣教士方法敛（Dr.H.Chalfant）和青州浸礼会英国传教士库寿龄（Rev.Samuel Couling）。他们在一九〇三年就从骨董商手中收购甲骨，以后陆续收购。这些甲骨后来流传到英国和美国。同时，日本人也通过骨董商收购甲骨运往日本。据估计，一九二八年以前为日本所劫去的甲骨约有一万三千片（发掘）。

当时在安阳有个长老会的牧师加拿大人明义士（J.M.Monzies），一九一四年起大肆购买甲骨，据说他收购的甲骨有五万多片。一九一七年他选了二千三百六十九片编成殷虚卜辞一书，在上海出版。

自从一八九九年甲骨文为王懿荣、王襄等认识以后，又经过刘鹗、罗振玉等搜集编印成书从而流传，甲骨便一天一天地被学者所知道。学者知道甲骨文是我国最古的文字，有重要价值，于是更加重视，而研究者也日渐增加，使其成为一种学问。

二　甲骨文研究的经过

自甲骨被发现后，对于甲骨的研究可以分为两个阶段：第一个阶段是一八九九至一九二八年，第二个阶段是一九二八年以后。这个分期是以一九二八年安阳小屯开始发掘为界。

第一个阶段内，甲骨才被发现，虽然有学者把出土的甲骨编印成几种书，但流传得毕竟还不广，知道的人少，研究的人更少。但开创之功是不可否认的。甲骨学在此期间奠定了基础。这一阶段内研究的成果主要有下列几点：

①甲骨出土地点和时代的考定。最初王懿荣和刘鹗收购甲骨时，甲骨出土的地点骨董商不告诉他们。他们或说出土于河南汤阴的羑里城，即相传纣王幽囚周文王的地方，或者又说出土于河南卫辉的朝歌故址。所以甲骨文是什么时代的文字便不能确切知道。只能从文字上推测。因为甲骨文与金文不同，刘鹗说是商代文字，孙诒让说是商周之间的文字，罗振玉说是夏商之间的文字。一九〇八年（光绪三十四年）罗振玉听山东骨董商范某说甲骨出土于安阳小屯。一九一〇年他作殷商贞卜文字考。一九〇九至一九一一年，罗氏又三次派人到安阳小屯搜集甲骨，于是完全证实了甲骨出土于安阳洹水南岸的小屯村。安阳洹水南岸历史上被称为『殷虚』。据史记项羽本纪，项羽大败秦兵于漳水之南，秦将章邯求和，『项羽乃与期洹水南殷虚上』。罗氏由此推定甲骨当是殷代之物。罗氏又看到卜辞上有殷帝王名，于是又推定这当是殷代王室之物。史记殷本纪：『帝武乙立，复去亳徙河北。』罗振玉又根据这句话说殷虚乃是武乙的都城，于是又推定这是武乙之物。他在殷商贞卜文字考序中说：『发现之地乃在安阳西五里之小屯而非汤阴。其地为武乙之墟。又于刻辞中得殷帝王名谥十余，乃恍悟此卜辞者实殷王室之物也。』罗氏这一考证对甲骨早期研究来讲，是相当重要的。这就确定了甲骨是殷代的遗物，而且是王

室贞卜之物。这就使研究方便多了。

罗振玉说这是殷代王室遗物是正确的，但殷虚是哪些王时代的都城，也就是甲骨是哪些王时代的遗物则是不正确的。这个问题学者有几种不同的意见，到现在也还没有完全解决。

汉书项籍传注引应劭说：『殷虚故殷都也。』小屯殷虚后汉时代人已知道是殷代的都城，但是哪些王时的都城则不明了。宋以来多认为是河亶甲都城，称其地为河亶甲城。罗振玉根据史记殷本纪『武乙徙河北』及帝王世纪『帝乙复济河北，徙朝歌』，认为殷虚是武乙、太丁、帝乙三代的都城，甲骨即这三代的遗物。罗振玉此说是错误的，出土的甲骨不只是武乙以后的。

王国维修正罗振玉之说。他根据竹书纪年『自盘庚迁殷至纣之灭二百七十三年更不徙都』（史记殷本纪集解引）等，说甲骨上限是盘庚时代。他又相信帝乙迁都之说，说甲骨的下限是帝乙。

后来董作宾接受王国维之说，认为甲骨上限是盘庚，但下限则不同意罗、王之说是帝乙。他根据竹书纪年说下限应为帝辛。

现在一般认为甲骨下限是帝辛时代。不过上限究竟到什么时候还难以确定，这也就是小屯这个地方究竟从什么时候起成为殷都难以确定。根据竹书纪年之说，盘庚迁殷，盘庚时小屯就已成为殷都了。但到现在为止出土的甲骨只上至武丁，没有盘庚、小辛、小乙三代的甲骨。不仅盘庚、小辛、小乙三代的甲骨没有发现，这三代的墓葬也没有发现。安阳殷虚只发现武丁时代以后的甲骨和墓葬，那就不能不令人怀疑『盘庚迁殷』是否就是洹水南岸的小屯。盘庚、小辛、小乙三代是否都于小屯，也就是竹书纪年说盘庚迁殷后更不迁都是否可信，或者应当如何解释。这个问题到现在还不能解决。我的意思，安阳殷都是武丁新建的。

②甲骨文字的考释。在第一个阶段里对甲骨研究的第二件事是考释文字。研究甲骨第一件事当然是识字，只有字认识了才能研究。当时学者最重视的也是文字。在这一阶段内对甲骨文字的研究可分三个方面：一是识字，二是考释卜辞，三是编字汇。

最早研究甲骨文字者为孙诒让。一九〇三年铁云藏龟出版，他就根据此书研究甲骨文字，写成契文举例。这部书当时没有出版，直到一九一六年（民国五年）罗振玉才把它印出来，收入玉简斋丛书。对于甲骨文的考释来讲，这部书价值是不高的。王国维说它『无可采』，叫罗振玉不要印。但孙诒让是考释甲骨文的第一个人，是开创者，他所根据的材料又只有铁云藏龟，很有限，它有错误势所难免。

在孙诒让之后，有罗振玉、王国维、王襄、商承祚、叶玉森等。一九一〇年罗振玉写殷商贞卜文字考，在这部书里考明了小屯是殷代的都城，甲骨是殷王室遗物，还考明了殷王名谥和古代的卜法，也考释了许多甲骨文字。一九一五年（民国四年）他又撰成殷虚书契考释。这部书分都邑、帝王、人名、地名、文字、卜辞、礼制、卜法八章，也不是单考释文字的。在这部书里，他考定可以认识的字有四百八十五个。一九一六年，他又撰殷虚书契待问编，搜集不认识的字一千零三个。这部书可以说初步奠定了甲骨文字研究的基础。

王国维是一九一〇年以后和罗振玉在一起研究甲骨文的。他帮助罗振玉写成殷虚书契考释，又考释了许多单字。

一九一〇年刘鹗死，他所藏的甲骨就流散出来了。有许多人得到他的甲骨，进行研究。叶玉森就是由此研究甲骨文的。他写了殷契钩沉（一九二三年）、殷契枝谭（一九二四年）和说契（一九二四年）。

在文字方面，为便于检查研究，又有人把甲骨文字编成字典形式的字书。王襄编有簠室殷契类纂（一九二〇年），收集文字正编八百七十三字，存疑一千八百五十二字，待考一百四十二字。商承祚有殷虚文字类编，正编七百九十字，待问编七百八十五字（即罗书）。这样的书能帮助学者查字，也可以帮助初学者认字。

在这个阶段，除考释甲骨文字外，还有考释卜辞的，即在著录卜辞后加以考释。这一方面对已认识者即用现在的文字写出来，另一方面对有些字则加以考证。这种方法也始于王国维。他有戬寿堂所藏殷虚文字考释，以后有叶玉森铁云藏龟拾遗考释和王襄簠室殷契征文考释。这种方法一方面释文，另一方面也考证文字。这种方法以后许多人都用。

③殷商历史的研究。甲骨文不只是文字学最珍贵的材料，更重要的是它是历史学最珍贵的材料。研究甲骨文必然要研究商代的历史。罗振玉作殷商贞卜文字考和殷虚书契考释已涉及商

代的历史，两书中考证都邑、帝王、人名、地名、礼制等便都是历史。不过罗振玉主要还是为了研究甲骨，而不是专门利用甲骨来研究商代的历史。在这方面最主要的则是王国维，王国维则利用甲骨卜辞研究商代的历史。一九一五年他写了殷虚卜辞中所见地名考，一九一七年又写了殷卜辞中所见先公先王考和续考及殷周制度论，后来又写了古史新证、殷礼征文等，这对研究商代的历史是有一定影响的。

以上是从甲骨文发现以后到一九二七年之间，甲骨研究的大概情况。在这个阶段甲骨文的研究才开始，研究的人很少，但也取得了一定的成绩，甲骨文研究的基础初步确定了。

一九二八年以后，甲骨文的研究进入一个新的阶段。这一年开始用考古学的方法发掘殷虚，使对甲骨文的研究打开了新的局面。

在此以前，有一件事值得说一说。这就是一九二四年王国维到清华大学研究所去教书。这件事对以后有两种影响，一是直接受王国维的影响研究甲骨的人增多了，二是间接的影响扩大了。过去研究甲骨的人是很少的。自从王国维到了清华大学研究所教书以后，他的学生就多了。他的学生多了，影响扩大了，更有许多人虽然不是王国维的学生，但也私淑王国维，或受他的影响。以后直到现在研究甲骨者可以说绝大多数都是直接或间接受王国维影响的人。我们可以说，一直到现在研究甲骨者基本上还是受罗、王观点的支配。王国维到清华大学研究所教甲骨文，对学术界也产生了影响，大家都认为这是一门新的而又重要的学问，于是有许多学者都来研究。

一九二八年『中央研究院』历史语言研究所开始发掘殷墟。自从甲骨出土到一九二八年将近三十年，在这近三十年中，甲骨出土者日渐增多，国内外学者也日益重视。过去甲骨都是当地农民乱挖乱掘的，不是像考古学家用科学的方法发掘的。这样乱挖乱掘，殷虚这样一个重要的古文化遗址必将被破坏无遗，这是个重大的问题。所以当时的一些考古学者主张要用考古学的科学方法对殷虚进行发掘，不仅要研究文字，而且要研究其地层及其他遗物。

从一九二八年到一九三七年，『中央研究院』历史语言研究所对殷虚进行了十五次发掘，不仅发掘了小屯殷代都城的遗址，而且发掘了许多墓葬，不仅获得了大量的甲骨，而且获得了大量的器物。仰韶、龙山和小屯三种文化的堆积层次也发现了，即这三种文化时代的先后也弄清楚了。这不仅是甲骨学发展的一件重要的事，在我国考古学上也是一个创举，也是大事。

与『中央研究院』历史语言研究所发掘同时，一九二九至一九三〇年，当时的河南省博物馆也到小屯去发掘。他们两次发掘，获得甲骨三千多片（字甲二千六百七十三片，字骨九百八十三片，编为殷虚文字存真和甲骨文录）和其他许多古器物。

自从发掘殷虚以后，甲骨学研究大为扩大。一方面，研究的材料多了，不仅甲骨多了，而且甲骨与出土的其他遗址、遗物可以联系起来研究。另一方面，研究的人也多了。据估计，一九五〇年前出土的甲骨有十几万片（胡厚宣说有十六七万片，陈梦家说约有十万片）。研究的学者有论著者就有三四百人，著作和论文估计有近千种，新中国成立后三十年来还没有统计在内。从这些统计数字就可以看出一九二八年以后甲骨学发展的情况了。

在甲骨研究方面，我想讲一两件重要的事。第一件事是甲骨断代。这在甲骨学的研究上是个很重要的成就。它可以把十多万片破碎杂乱的甲骨分为几个时代，认出它们是什么时代的东西。这样对甲骨的研究就更方便了，把甲骨用为史料也更正确了。

关于甲骨的年代，王国维已经注意到。这是因为甲骨刻辞有许多殷王的名称，如不能确定这些甲骨是什么时候的，便也不能确定这些殷王是谁。例如，有一片甲骨有『父甲、父庚、父乙』(后上二〇·九)，这三个人是谁呢？王国维说这当是武丁时所卜，父甲、父庚、父乙就是阳甲、盘庚、小乙。这三个人于武丁都是父。又如一片甲骨有『父丁、兄庚、兄己』(后上七·七，七·九，一九·一四)，王国维说这当是祖甲时所卜，祖甲的父亲是武丁，兄有祖庚和孝己，这必是指这三个人。及至董作宾乃更进一步研究甲骨断代。他最初创立所谓『贞人』说。一九二九年在安阳发掘获得一片相当完整的龟甲，上面记了九个月卜旬之辞。在这些卜辞中『日中卜』和『贞』之间有六个不同的字。他认为这是人名，这些人就是占卜的人，他称之为『贞人』。这个说法建立以后，绝大部分甲骨就可以比较容易地看出是什么时代的了。以后他又进一步研究，一九三三年作甲骨文断代研究例，由世系、称谓、贞人、坑位、方国、人物、事类、文法、字形、书体等十个标准，对甲骨进行分期。他把甲骨分为五个时期：

第一期　盘庚、小辛、小乙、武丁

第二期　祖庚、祖甲

第三期　廪辛、康丁

第四期　武乙、文丁

第五期　帝乙、帝辛

在董作宾这个基础上，陈梦家又分为九期，即从盘庚到帝辛，一个王为一期。这种分期自然是分得更细些，但掌握是比较不容易的。

第二件事我想讲一下郭沫若中国古代社会研究。我们研究甲骨文最重要的目的是利用甲骨刻辞的材料研究商代的历史。甲骨发现以后，自然就有人利用它来研究古代历史，一九二八年以前，王国维等就利用甲骨卜辞考证殷代先公先王和殷代的礼制。但用马列主义观点利用甲骨刻辞研究殷代的社会，则以郭沫若为第一人。一九三二年他发表卜辞中的古代社会，自此以后就陆续有人用马列主义观点来研究中国古代史了。用马列主义观点研究中国古代史，郭沫若可以说是有创导之功的。

三　甲骨文的学术价值

甲骨文是非常珍贵的。它在我国文字学和历史学上都有极其重要的价值。它提供了极其重要的、新的而又最真实可信的材料。

研究中国文字学主要是研究中国文字——汉字演变发展的情况，寻求其规律，也就是要研究其演变的源流。

过去研究中国文字都以许慎说文解字为最早的材料，都以为说文所收录的字都是仓颉造字时创造的，说文所说的字义也是本义。这是不正确的。说文所收录的字是小篆，小篆是秦朝李斯整理过的文字。这些字有的还保存了周以前的字形，有许多经过演变和古代文字已经不同了，大都已不是最早的文字。根据说文研究汉字演变的源流自然是得不到正确的结果的。不仅文字演变的源流不能研究清楚，而且文字的字义也得不到正确的训释。文字是语言的符号。一个字在长期的使用中也不完全用它的本义。除了本义以外还可以有引申义和假借义。说文所说的字义很多也已不是本义，有许多都是引申义或假借义。许慎根据引申义或假借义解释已经改变了的字形，或用已经改变了的字形解释引申或假借的字义，这样解释文字自然有许多是错的。试举个例子来说。说文云：『为，母猴也，其为禽好爪。爪，母猴象也，下腹为母猴形。』甲骨文『为』字作『』，象以手牵象之形，不是母猴。可见所说的『为』字的字形、字义都是错的。这就是因为他根据演变了的字形解释字义。所以单据说文是不能解决文字学上的问题的。甲骨文发现以后，情况就不同了。甲骨文是我们现在所见到的最早的文字，这种文字即使不是最早的文字，距离我国汉字开始创造也不会太远，其字形是接近于原始文字的。从甲骨文我们可以推知一个字的始义。当然并不是所有的甲骨文始义我们都能知道，有许多甲骨文的本义我们也不知道，或者很不容易推知。

我说甲骨文即使不是最早的文字，距离我国汉字开始创造也不会太远，诸位一定会问汉字起源于什么时候。

关于汉字是怎样起源的，起源于什么时候，过去有许多说法。或说起于仓颉造字，或说起于八卦，或说起于结绳，或说起于图画。近时考古学者看到出土的陶器上有时有许多符号，便认为它们可能就是文字；看到半坡出土的陶器上有符号，便以为半坡时代就已有文字；看到大汶口出土的陶器上有一个符号像文字，于是又说大汶口文化时代已开始有文字。

我觉得，要研究汉字的起源，有两点必须要先弄清楚：理论上讲，汉字应该创造于什么时候；什么是文字。按照马克思主义理论，文字的发明是文明与野蛮的分界线。有了文字就进入文明时代。文字是社会的产物，是社会发展到一定阶段才产生的。文明开始的时代是个什么样的社会呢？大家知道，文明时代是奴隶社会时代，这时候已有奴隶制国家。

什么是文字？这我们也应当有个明确认识。文字是语言的符号。也就是语言里一个词用一个符号来表示，这个符号称为文字。文字必定要有两个特点：①一个字必定要有形有声有义。也就是一个字有它特定的字形，可以读出声音，通过字形可以知道它是什么意义，也就是它是代表语言里的哪一个词。②文字是语言的符号，必须几个字连缀起来能成为一句话，许多句话合起来可以成为一篇话。人们看了这篇话以后就知道你说的是什么了。

这两点合理不合理？我想是合乎逻辑的。

我认为要研究汉字起源于什么时候，应该用这两点为尺度衡量过去的说法。他们所说的正确不正确呢？很明显是不正确的。八卦、结绳乃至图画是不是语言的符号？显然不能说是语言的符号。半坡、大汶口陶器上的符号不是文字。半坡、大汶口都还是在石器时代，难道石器时代就已有文字了？石器时代就已进入文明时代了？这能说得通吗？所以以上各种说法都难令人相信。

文字的发明是文明时代的开始，是在奴隶社会时代才发明的。用这个标尺来衡量，我国的汉字也应该是进入奴隶社会时代才发明的。我国什么时候进入奴隶社会的？现在学者们大多都已承认夏代已是奴隶社会，夏代已建立奴隶制国家。我们认为汉字的发明最早不能早于夏代。我们试再举一个甲骨文来说。甲骨文有『王』字。我国统治者称王是什么时候开始的？古代记载都认为从夏开始。夏、商、周三代之君称为三王。在卜辞里商的祖先有王亥、王亘。夏代统治者可以肯定已称王。最高统治者称王从夏开始，那么『王』这个字也必定是夏代以后才创造的。甲骨文还有『罘』『艮』『妾』等字。『罘』甲骨文作『』，我以为即奴隶之『隶』字的本字，是象奴隶受压迫痛苦流泪之形。『艮』即『服』字的初字，甲骨文作『』，是象屈伏之形，必也是奴隶。我疑服从、服事、服务等都是由奴隶劳动引申的。『妾』卜辞有『晋妾』，显然是以妾为牺牲。妾必是女奴隶。从这些字可知，这必定是已进入奴隶社会才创造的。从这些情况看，甲骨文里象形字相当多。这些象形字当是原始的字。由此我们认为距离开始创造文字必不太远。

甲骨文是我们今天所见到的最早的文字，最接近于创造时的文字。可以说汉字之起源已经找到了，从此以后汉字演变发展的源流就可以寻求了。从甲骨文到金文到篆文中间没有间断。甲骨文发现以后，甲骨文到金文到篆文演变发展的情况可以寻求，汉字演变的渊源可以找出来，则汉字发展的规律也就可以找出来。

试举两个例子来说。例如，『又』字。『又』字甲骨文作『』，是象右手之形。金文则作『右』。『右』是由『又』孳乳的，也就是发展来的。说文云：『祐，助也。从示右声。』在卜辞里『又』字用为福祐之祐。卜辞又云：『受有又。』因此我们可以推知『祐』也是由『又』孳乳的。也就是『又』演变为『右』，福祐是神助，所以加『示』旁，成为『祐』字。

说文云：『有，不宜有也。春秋传曰：「日月有食之。」从月又声。』有无之『有』卜辞用『又』，最初用『㞢』字。祖甲以后用『又』字乃是假借。『㞢』字从此不用，也就不见了。在金文里『又』又孳乳为『有』。『有』金文作『』，是『又』字加『』（肉），金文及古代文献里『又』和『有』通用。

从上面看，『又』一个字发展为『又』『右』『祐』『有』几个字。这个字的演变我们就看清楚了。

又如『从』字和『從』字。说文云：『从，相听也，从二人。』说文又云：『從，随行也，从辵从。』甲骨文『从』字作『从』，是从二人，乃是表示一个人跟随另一个人，应是随从之意。说文训『从』为听从，乃是引申义，不是本义。甲骨文『从』或又作『彳从』（[illegible]），金文则作『從』，这是从『辵』旁。『從』乃是由『从』孳乳的。这样，『从』一个字又演变为两个字。

我国汉字有很多字都是这样演变发展来的。我们今天从甲骨文、金文到小篆文字的演变发展来研究汉字，不仅对汉字的演变发展看得比较清楚，而且对过去文字学上的理论也可以看出是否正确。试举个例子来说。例如，形声字是汉字中最多的字。以前都认为形声字都是用形声的方法创造的。说文里形声字都说『从某某声』，我们从甲骨文到小篆的演变看，说文里的形声字实并非都是用形声的方法创造的，有许多字是在文字的演变发展中增加偏旁形成的。如上面所说的『祐』和『有』字便是显例。过去都认为六书的象形字、会意字、指事字、形声字都是用不同的造字方法创造的。我们从甲骨文到篆文的演变看，不论象形、会意或假借都可以增加偏旁成为形声字。

总之，甲骨文发现以后，对文字学的研究进入了一个新的境界，从此有可能把汉字演变发展的源流研究清楚，使中国文字学走上科学的轨道。

甲骨文对于我国古代史的研究更是宝贵。它对我国古代史的研究来讲，有两点意义。一是为商代历史研究提供了大量的第一手材料，二是对古代史的研究有了个尺度。

过去，我们研究商代以前历史的史料是非常缺乏的。讲商代的历史只凭尚书的汤誓 盘庚 高宗肜日 西伯戡黎 微子，诗经的商颂几篇，史记殷本纪及先秦书籍里的一些传说。讲夏以前的历史，则只凭尧典 皋陶谟 禹贡 甘誓，史记的五帝本纪 夏本纪以及先秦书籍里的有关传说。史料这样贫乏，对商以前的历史可以说谈不上研究也无法研究，只能根据这些书略加叙述或推测而已。

甲骨出土以后，情况便大不相同了。现在出土的甲骨据估计有十多万片。这些甲骨绝大多数是破碎的。上面有的字多，有的字少，有人说平均以每片十个字计，总数也有一百多万字，这是一部相当大的书了。有这样一部大的文字记载的商代史料，再加上出土的丰富多彩的商代文化遗物，可以说资料非常丰富了。

甲骨文作为史料来用有两个方面，一是文字，一是刻辞。甲骨文本身就是史料。文字是社会的产物，它能反映当时的社会生活。汉字是表意字。甲骨文是距离开始创造文字不远的文字，其字形有许多还保持创造时的字形，有些也接近于初创时的字形。所以当时的社会生活在字形上可以反映出来。换句话说，通过甲骨文字形的研究是可以看出当时社会生活的。这种方法现在学者都用。

甲骨文有『莀』『田』『禾』『黍』『來』『麦』字。卜辞有『卜受年』『卜黍年』，可知当时农业必定发展。甲骨文有『』『』字，可知当时已用牛耕。甲骨文有『马』『牛』『羊』『鸡』『犬』『豕』等字，可知当时六畜已成为家畜。甲骨文有『』『』等字，可知当时必定牧羊牧牛。『狩』字作『』，可知当时狩猎已是用犬。有『寝』『室』『宅』『家』『宗』等字，可知当时已有房屋。有『邑』()、『围』字，可知有城。有『眔』『妾』『艮』字，可知有奴隶。有『帝』『王』字，可知我国古代最高统治者确实称帝和王。诸如此类，如我们把许多甲骨文字认识了，并能确切知道它的本义，对于当时的社会岂不是了解得很多吗？

作为史料来讲，更重要的是甲骨卜辞。甲骨卜辞是记载事实的，比以甲骨文字来推测好得多了。甲骨卜辞有多少条没有统计。十几万片甲骨，至少也有三四十万条。甲骨卜辞的内容非常丰实。殷王相信占卜，每天必卜，遇事必卜。从殷王每天的活动如出行、田猎、有无祸福，以至国家大事如祭祀、战争、年岁等都卜。卜了以后就把所卜的事记在甲骨上。甲骨卜辞几乎不啻殷王的起居注和国家大事记。此外还有天气的阴晴风雨及天文现象，卜辞也有记载。甲骨卜辞内容如此丰富，再加上小屯及其他殷代文化遗物和遗址，使我们对于商代历史的研究就好得多了。

甲骨文的发现不仅对商代历史的研究有重要意义，而且对我国古代史的研究也有重要意义。它使我们对我国历史的研究有了个可靠的尺度，有了个正确的标志。

商以前的历史史料很少，更没有直接的记载，所以我们讲商代前期上溯到夏或更早的唐尧之世，许多都是推测、推论。于是怎样研究古代史，就成为一个问题。

我觉得对商以前历史的研究应该用两个尺度。一个是马克思主义历史科学的理论，即历史唯物主义的理论，一个是殷虚。把这二者结合起来，对我国古代史进行分析。历史唯物主义告诉我们，社会的发展是有规律的。经济基础和上层建筑是密切相关联的。生产关系和生产力是相适应地，在一定的经济基础上才产生一定的上层建筑，也就是社会发展到某一历史阶段。我们研究我国古代史应当用这个理论为指导来分析和衡量，看看怎样才是符合马克思主义历史科学理论。

第二个尺度是殷虚。殷虚为什么是研究我国古代史的尺度之一呢？这是因为殷虚出土了甲骨文，它是我们现在所能知道的我国古代历史发展的一个最可信的标志。我们发掘了许多文化遗址、墓葬，出土了许多文化遗物。只有殷虚出土了大量的甲骨文。有文字与没有文字是大不相同的。没有文字，我们就不知道它是什么时候的。我们发掘许多古代文化遗物，因为不能确知它是什么时候的，我们就不能准确用它来解释我国古代的历史。我国考古学者根据地层和陶器的形制也推断各种文化的相对年代和它的前后，但这乃是考古学的研究，把它用到古代史研究上还是有困难的。殷虚有了文字便不相同了。我们因此确切地知道安阳这个地方是殷代武丁到纣时候的都城。由此我们又确切地知道至少殷代晚期已进入有史时期，已是文明时代。这就在我国古代史上有了一个明确的标志。有了这个标志，我们就可以以此衡量过去的历史。按照马克思主义历史科学理论，文明时代的社会应该是怎样的呢？当时的生产力和经济应该是怎样的呢？统治应该是怎样的呢？历史要经过怎样的发展才能进入文明时代呢？这样，殷虚以前、夏代乃至更早些时候的历史便可以得到比较正确的认识。

说句闲话，假如殷虚没有甲骨文字会怎么样？恐怕不能肯定它就是殷代晚期的遗址吧。那必将要猜测它是什么时候的文化了。殷虚的时代不能确定，那发现的许多其他殷代文化遗址恐也不能肯定它们是殷代的了。那么对殷代历史的研究和对考古的研究恐也不是像现在这个样子。

四 研究甲骨文的方法

甲骨文是珍贵的材料，但要利用这些材料，首先必须认识甲骨文字，因为只有认识了甲骨文字才能读甲骨刻辞，只有正确地理解了甲骨刻辞，才能正确地把它当作史料来使用。甲骨文字的字形绝大多数与后世文字字形不一样。要认识它是相当困难的。怎样认识甲骨文，用什么方法认识甲骨文，这就成了问题了。

唐兰在他的古文字学导论里把过去认识甲骨文的方法概括为五种：

①比较法。这是将甲骨文与后来的金文、小篆相比较，若甲骨文有与金文或小篆字形相同者，这样就认识了。罗振玉在殷虚书契考释序里说他研究甲骨文的方法『由许书以溯金文，由

金文以窥书契』，就是这种方法。今天我们所认识的字绝大多数都是这样认识的。

②推勘法。这是将一个字的用法与古代文献中的用法相比较，若它们的用法相同，推论它是什么字。例如，卜辞有『亡□』，丁山看到这与易象辞之『无尤』相同，因此认『□』为『尤』字。

③分析法，也就是分析偏旁。这种方法是孙诒让开始使用的。这是将一些字的偏旁加以比较，然后认出是什么字。例如，甲骨文有『□』字。卜辞有『□宗』『舊宗』。『□』与『舊』为对文，所以认为『□』是『新』字。『新』字金文作『□』，『□』即『斤』。由此可以推知『□』必是『斤』字的初字。甲骨文有『□』字，从木从斤，必是『析』字。甲骨文又有『□』字，金文『折』字作『□』，从『□』从『斤』，与『□』相同，可以推知『□』必是『折』字的初字。甲骨文又有『□』字，『□』是『斤』，『□』是『廾』，可知『□』必是『兵』字。

④历史的考证。这就是考察一个字字形的演变。唐兰举了个例子。甲骨文有『□』字。王国维释『后』。唐兰说，『毓』字甲骨文作『□』，『□』变而为『□』，『□』又变而为『居』，『居』又变而为『□』，『□』又变而为『后』。

⑤分析偏旁再证以古籍里的用法和文义。这是于省吾说他研究甲骨文的方法。他说：『于旧所不识之字或不解之义，分析偏旁，援据典籍，略有悟发。』

这些方法是他们从研究经验中体会出来的。这些方法是否正确呢？是否我们研究甲骨文就用这些方法呢？这些方法是学者们从实践经验中总结出来的，自然有其一定的正确性，但也不完全正确。这些方法是可以用的，但不能单靠这些方法，更不能单靠其中的一种方法。

认识甲骨文，首先要知道认识什么。认识甲骨文，一要认识字形；二要认识其本义，也就是最初造字时它表示什么意思；三要认识它在卜辞里是什么用法，也就是什么意思。文字有本义，有引申义，有假借义。卜辞里假借字很多，必须把它们在卜辞里假借为什么弄清楚，这样卜辞才能读得通。过去用上面所说的几种方法，没能把这些问题解决。有许多字还是臆度，甚至是乱猜。举两个例子来说。

甲骨文有『𠕁』字，学者释『𠕁』。说文云：『𠕁，告也。从曰从册，册亦声。』这是用比较法认识甲骨文。『𠕁』与『𠕁』，字形确也相同，至少也相近。但在卜辞里『𠕁』释『𠕁』绝不可通。卜辞有『𠕁牢』『𠕁羌』『𠕁妾』，『𠕁』义都是杀，绝不能训告。甲骨文『𠕁』必不是说文『𠕁』字。由此可知单用比较法是不行的。

又如甲骨文有『及』字。『及』字石鼓文作『及』，与此相同，罗振玉释『及』。他说：『石鼓文作「及」，与卜辞同，象人前行而又及之』。这个字释『及』字是对的，但说这个字是『象人前行而又及之』，便不可通了。说文云：『及，逮也，从又从人。』这个字训逮是对的，但也没有说明从又从人为什么表示逮。所以这个字本义还是不清楚。『及』这个字本义盖为追及，即与『驷不及舌』之『及』义相同。这个字甲骨文作『□』，与『隻』字作『□』表示字意相同。『隻』是象手捉到鸟雀，『□』当是表示捉到人，『□』是说追捕人追捕到了。

上面所说的几种方法是不够的。认识和研究甲骨文应该用什么方法呢？有没有什么比较好的方法呢？这我也不知道，讲不出来。这里，我想略谈一点我的不成熟的想法。

我觉得这个问题还是要从理论上来考察。任何一种学问，其本身必须有一种理论，必须要用这种理论为指导来研究。这样，这种学问研究才能得到正确或比较正确的结论，才能说得上是科学或者走上科学的轨道。研究甲骨文也应该如此，但我们没有这样的理论。甲骨文是中国文字的一部分，它必须要和文字学联系起来研究。但中国文字学过去就没有一个完整系统的正确的理论，没有一个正确的理论为指导，文字学也就研究不好。我国文字学说来说去总是六书，或者说文，或者古文、大篆、小篆、隶书、楷书怎样变的一套。这样自然不能把中国文字学研究好。

文字学也和哲学、历史、艺术等一样，是有阶级性的。不同的阶级都站在自己阶级利益的立场上，用本阶级的世界观解释文字。不同的阶级研究文字学的观点和方法是不同的。

中国文字学长期以来都是掌握在封建地主阶级手里。他们当然站在封建地主阶级利益的立场上，用他们唯心主义形而上学的观点和方法解释文字。我们举两个例子来说。

说文：『王，天下所归往也。董仲舒曰：「古之造文者三画而连其中谓之王。三者天地人也，而参通之者王也。」孔子曰：「一贯三为王。」』这非常明显完全是站在封建地主阶级的立场上，吹捧美化统治者帝王，曲解捏造的。『王』字的本义是『天下所归往』吗？这显然是吹捧统治者帝王。『王』字的三横画是表示天地人吗？这不是胡诌?!孔子说『一贯三为王』，这句话翻遍先秦书籍也找不到，显然也是捏造的。『王』最早的甲骨文作『△』，根本就不是『三画而连其中』。以后逐渐演变，祖甲时作『』或『』，康丁、廪辛以后才逐渐出现『王』和『王』字。说『王』字『三画而连其中』，是用后世的字形解释字的本义，不符合历史。

这种旧文字学中形而上学的观点和方法近代学者也用之于古文字学的研究。考释甲骨文最早的，也是最多的是孙诒让、罗振玉、王国维，对以后最有影响的也是他们。在孙海波编的《甲骨文编》（一九三四年版）中正编所收的可认识的七百六十五个字中，就有五百八十九个是他们所认识的。他们的世界观是什么世界观？他们用的方法是什么方法？他们的世界观显然还是封建地主阶级的，他们的方法自然还是形而上学的。在他们以后，研究甲骨文者很多都是王国维的学生，或者私淑王国维者，或者受王国维影响者。这些人都是直接或间接接受王国维影响的。我们几乎可以说在新中国成立前研究甲骨文的主要是罗、王一派的人。在那几十年中研究甲骨文者基本上都是被形而上学的观点和方法所支配的。这里我们也举一个例子来说一下。

甲骨文有『』『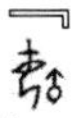』字，王国维释为『毓』，即『育』字的初字，也就是『后』。他说这个字是象产子之形，这个字是『象倒子在人后，故引申为先后之后，又引申为继体君之后』。

『后』字『厂当即⺈之讹变，𠙵则倒子形之讹变也。』卜辞有『毓祖丁』『毓祖乙』，都写作『后祖丁』『后祖乙』。学者多依从他这种说法。我们试想一想，这种说法对不对？合理不合理？我认为是不合理的。这是生育的『育』字的初字，是象产子之形，是不错的，但说『象倒子在人后，故引申为先后之后，又引申为继体君之后』，这就是想当然了。我们要问语言里一个词是否可以从文字的字形上面来，这显然是不可能的。语言里的词汇是社会的产物，它是从生产劳动及其他各种社会生活和活动中产生的，绝不会是从一个字的字形上来的。在古书里我们也从不见有以『毓』为先后之后的。『毓』既不是『后』字，那他后面说『后』字的『厂』是『⺈』之讹变，『𠙵』是倒子的讹变自然就是臆说了。王国维这样解释，之所以有许多人相信，都是因为他们的思想和方法是形而上学的。

我认为研究甲骨文必须用辩证唯物主义和历史唯物主义的观点、立场和方法。

马克思主义告诉我们，事物总是演变发展的，事物的演变发展是有规律的。中国文字自然也是一样演变发展的，且演变发展有其规律。我们研究甲骨文和文字学应该是研究中国文字即汉字演变发展的规律。反过来说，我们也应该用汉字演变发展的规律为指导来研究甲骨文。汉字演变发展的规律是怎样，虽然我们现在还不知道，但我们研究甲骨文也必须要用演变发展的观点来研究。也就是对每一个字应当作历史的考察，看它如何演变发展，然后才可以得到正确或比较正确的认识。我们说要从演变发展的观点对一个字作历史研究，这是说须作历史的考察。

文字有形有声有义，这都要作历史的考察。字形上看它是怎样演变的。字义有引申义，有假借义，它在古书里是怎样的用法。还有古书中，即语言里一个词最初是用一个字，后世演变为另外一个字。把这些演变都找出来，然后看它在卜辞里如何用法，从辞意上看应该作何解释。这样，一个字就可以正确地认识了。把许多字都用这样的方法来研究，那么汉字演变发展的规律虽不能全知，但大致可以看到了。

前面我们曾说过去研究甲骨文有五种方法，这五种方法是有正确的部分（原文缺失）

试举个例子来说。

甲骨文有『』『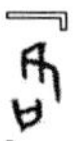』字，这就是『各』字。卜辞有『各日』。卜辞：『□□御各日，王受又。』（粹一〇□）说文：『各，异辞也。从口夂，夂者有行而止之，不相听也。』『各』为异辞，卜辞说不通。郭沫若又释『各』为『格』，至也。『御各日』『犹寅宾出日也』，这也难讲得过去。不论古今，语言里没有说『出日』为『至日』的，也不见说『日出』为『日至』的。

按金文『各』『络』『逄』『客』『洛』（原文缺失）

甲骨断代

甲骨是殷武丁至纣时之物，其间经历武丁、祖庚、祖甲、廪辛、康丁、武乙、文丁、帝乙、帝辛九王，二百余年。出土的甲骨达十万片以上，这是我们研究殷代历史最珍贵而又丰富的第一手的材料。但利用这些材料，必须要把它们的时代考清楚，因为它们经历了二百余年，不是一王之物。如不能分辨是哪一王之物，卜辞的内容就不能很好地研究，对当时的历史也难利用它们进行研究。这许多甲骨必须进行分期，确定哪些甲骨属于哪一王时代。这样，把这许多甲骨按照其时代的先后排列起来，则对甲骨就可以更好地研究，历史事实和其他礼制、文字的演变等又可以得到正确认识。

这种确定卜辞甲骨时代的研究，罗振玉和王国维已经开始。卜辞有一片云：『父甲一牡，父庚一牡，父辛一牡。』（后上二五）他们认为这是武丁时的卜辞。因为父甲、父庚、父辛就是阳甲、盘庚和小辛，他们都是武丁的诸父。因为卜辞有许多是卜祭祀的，称祖、父、兄、妣和母者非常多，要把这些祖、父、兄、妣、母考出是什么人，就必要考知这片甲骨是属于什么王时代的。王国维作殷卜辞中所见先公先王考和续考用的就是这种方法。

董作宾更进一步扩大研究，一九三三年作甲骨文断代研究例（庆祝蔡元培先生六十五岁论文集），对全部甲骨作断代研究，从甲骨本身的内容情况，拟定了断代的十个标准：①世系；②称谓；③贞人；④坑位；⑤方国；⑥人物；⑦事类；⑧文法；⑨字形；⑩书体。

他把甲骨分为五个时期：①武丁及其以前（盘庚、小辛、小乙）；②祖庚、祖甲；③廪辛、康丁；④武乙、文丁；⑤帝乙、帝辛。

一九五一年陈梦家又作甲骨断代学（燕京学报及考古学报）。在董作宾所拟定的十个标准下对甲骨断代作了更深点的考察。他把董作宾的分期又细分一下。他的分期是：

武丁卜辞		一
庚甲卜辞	①祖庚卜辞	二上
	②祖甲卜辞	二下
廪康卜辞	①廪辛卜辞	三上
	②康丁卜辞	三下
武文卜辞	①武乙卜辞	四上
	②文丁卜辞	四下
乙辛卜辞	①帝乙卜辞	五上
	②帝辛卜辞	五下

这是把盘庚、小辛、小乙三代去掉，其余四期又以一王为一期。这种分期更细微些，但我

们具体运用时，一般不需要这样细微。在这五期中，三、四两期有的也不容易分开，所以有人认为只要分四期就行了。

这十种断代的标准之中，最重要的实际只有称谓和贞人两种。其他八种乃是次要的，是从已经确定了的卜辞归纳出来的，对没有记贞人的卜辞，可以作为主证，其他只是作为辅助的证据。现将这些标准略微说一下。

一　世系

研究甲骨断代，先要把殷代诸王的世系研究清楚。世系清楚了，然后称谓才能明白。卜辞里有许多祖、父、妣和母的称谓，世系明白以后，这些祖、父、妣和母的称谓所指的是谁就知道了，因而也就可以知道这是哪一个王时代的甲骨。

这里所说殷代的世系是指卜辞里所说的殷代先公先王的世系。卜辞所说的殷代世系与史记殷本纪所说的大部分相同，但也有不同之处，即卜辞所说的殷代先公先王的名称有的和史记殷本纪不同。史记殷本纪殷代世系为：

契—昭明—相土—昌若—曹圉—冥—振—微（上甲）—报丁—报乙—报丙—主壬—主癸—

—天乙—太丁—太甲—沃丁
外丙—太丁
中壬—外丙
太庚—沃丁
太庚—小甲
雍己—小甲
太戊—雍己
太戊—仲丁
外壬—仲丁
河亶甲—外壬
河亶甲—祖乙—祖辛
沃甲—祖辛
沃甲—祖丁—南庚—阳甲
盘庚—阳甲
小辛—盘庚
小乙—小辛
小乙—武丁
祖庚—武丁
祖甲—祖庚
祖甲—廪辛
庚丁—廪辛
庚丁—

—武乙—太丁—帝乙—帝辛

卜辞所说殷代的世系与此有几处不同。太甲以前的先公，卜辞有『夔』『土』『兒』『河』『岳』『王亥』『王恒』。这里『土』是相土，『王亥』是振，大概是没有问题的。『夔』王国维说是帝喾，『兒』『河』『岳』相当于史记殷本纪中的哪一个，就很难定了。上甲以后三代的世系，卜辞说是匚乙、匚丙、匚丁，与史记『报丁』在『报乙』前不同，当是史记错了。按照甲骨卜辞的世系，祖乙应是仲丁之子，不是河亶甲的儿子。河亶甲、沃甲、阳甲在卜辞中不见，卜辞有戔甲、羌甲和𢀛甲。从他们世系的前后看，当就是河亶甲、沃甲和阳甲。『庚丁』卜辞作『康丁』，这当是传写错误。『太丁』卜辞作『文武丁』。太丁名与汤子太丁相同，必误。

卜辞先王世系已有直系和旁系之分。直系为上甲、匚乙、匚丙、匚丁、示壬、示癸、大乙、大丁、大甲、大庚、大戊、中丁、祖辛、祖丁、小乙、武丁、祖甲、康丁、武乙、文武丁、帝乙、帝辛。凡是其子为王者就是直系。自己为王，而子不为王者，则为旁系。

世系说清楚以后，则称谓的所指也就可以推知，而甲骨应属哪一个王时代的也就可以推知。

二　称谓

卜辞中的称谓有高祖、祖、父、兄、子、儿、高妣、妣、母等。称谓可表示一定的亲属关系。卜辞对祖先的称谓有几种不同的情况。①上甲之前的先公对夔、河、王亥都称高祖。②土、兑、岳都不见有祖的称谓，上甲、匚乙、匚丙、匚丁、示壬、示癸六代也不见有祖的称谓。③大乙以后到小乙，直系诸王前五代都冠以『大』字，如大乙、大丁、大甲、大庚、大戊。其有两个或三个王以同一天干为名号者，第二人和第三人加『中』和『小』。如同以『乙』为名号者有大乙、祖乙、小乙，同以丁为名号者有大丁、中丁、小丁。④自中丁以上不称祖某，自祖乙以后则称祖某，如祖乙、祖辛、祖丁。武丁以后诸王名号为祖甲、康祖丁（又称康丁）、武祖乙（又称武乙）、文武丁、帝乙。旁系先王则多加另外名谥，如外丙、沃丁、戋甲、羌甲、南庚、盘庚等。

对祖先的称谓为什么有这样的不同呢？我以为这乃是由于不同的时代而异的。从夔到岳都只相传有这些祖先，但他们的忌日已不知道，所以对他们祭祀时只用他们的私名。从商人势力的发展上讲，上甲是个很重要的人物。鲁语云：『上甲微能帅契者也，商人报焉。』从卜辞看，上甲也是个地位特殊的人，卜辞称为元示或大示。殷人的周祭也从上甲开始。可知殷人是把上甲当作一世祖的。上甲之后是匚乙、匚丙、匚丁，甲、乙、丙、丁，顺次很整齐，所以王国维和董作宾都认为这是武丁时代追尊的，也就是不知道他们的忌日。因为上甲是始祖，祭祀要从其开始，所以把这四代用甲、乙、丙、丁来作为名号，又加上『匚』以示与后世相同的天干命名者不同。商自汤灭夏以后，成为天下共主，商王朝从此开始，汤是商王朝的始祖，所以从他以后先王名号加『大』字，同名者以大、中、小的顺序来称谓。祖乙以后因为亲属关系近，武丁以后庙号日干的上面加『武』『康』『文武』等字，这是表示与上世同名者的区别。这实际也是谥法的开始了。

殷人对于先妣的称谓与后世不一样。后世称母为妣，称祖母为祖母或王母。殷代对祖母以上的先祖都称为妣，母则就称母。

殷先妣是从示壬的配偶妣庚开始的。历代各王的配偶如下：

示壬	妣庚
示癸	妣甲
大乙	妣丙
大丁	妣戊
大甲	妣辛
大庚	妣壬
大戊	妣壬
中丁	妣癸
祖乙	妣己、妣庚
祖辛	妣庚

祖丁　妣己
小乙　妣庚
武丁　妣辛、妣戊、妣癸
祖甲　妣戊
康丁　妣辛

在先妣之中，汤之配妣丙和祖乙之配妣己、妣庚，武庚时卜辞有时又称高妣丙、高妣己、高妣庚。

对于父母，卜辞就称父母。父之弟兄殷代已有大父、中父之称，但卜辞不见。卜辞对父之兄弟统称为父，母也是一样。

甲骨断代主要是看祖父两代的称谓。因为这两代最近，只要称某为祖或父，就可以据此知其应为何王时的甲骨。例如，上举『父甲一牡，父庚一牡，父辛一牡』，这很容易就可以知道是武丁时的卜辞。因为武丁诸父有阳甲、盘庚和小辛，与父甲、父庚和父辛正相合。如有父乙的卜辞，可以称父乙者只有小乙、武乙和帝乙，这必是武丁或文丁或帝辛时的卜辞。如有父庚的卜辞，父庚不是盘庚便是祖庚，这不是武丁时的卜辞，便是廪辛或康丁时的卜辞。称祖或妣、母的卜辞也是这样推测。

三 贞人

贞人就是占卜的人。这些贞人也就是当时的太史所属的史官。占卜的时候有许多可以说明是哪一史官占卜的。例如：『癸未卜，宾贞，旬亡四。』『宾』就是贞人。这些贞人大多数都已考证出哪些人是属于哪个王时代的了。所以一看贞人是谁就可以知道这是哪个王时代的甲骨。这是甲骨断代研究最好也是最主要的标准。有许多卜辞也不记贞人，这就要看其他标准了。武乙、文丁时代的卜辞大多不记贞人，这倒反成了一个断代标准。

四 坑位

在发掘的时候，在不同的坑位中发现的甲骨往往有各种不同的情况。有的很乱，有的排列得很整齐。那些杂乱的甲骨，有的可能是当时丢弃的，有的是扰乱了丢在垃圾堆中的。在一坑位中排列整齐的甲骨当是当时有意储藏的，所以在这样坑位中的甲骨应多是同一王时的。因此坑位也可以作为分期的一个标准。但这个标准不是很确切，因为一个坑位里的甲骨不见得就是同一王之物。此外，这个标准没有参加过发掘的人用起来还是比较困难的，而且现在所著录的甲骨也不是都记录了出土的坑位，也就是不知道它们出土于哪个坑位，所以无法用坑位的标准来确定它们属于哪个时期。不过这不失为可以帮助确定时期的一个方法。

五　方国

有许多部落与殷有关系。如发生战争，这些方国是在某王的时候发生战争。如在武丁时有𢀛方和土方，帝辛时有人方，如果甲骨中有这些国名，就可以知道它们是武丁或帝辛时的甲骨。

六　人物

甲骨卜辞中有许多人物。除了许多贞人之外，还有其他人。如最常见的沚𢦔、自般、侯虎都是武丁时的人。见到这些人，也就可以知道这些甲骨是武丁时的。

七　事类

所谓事类，就是卜辞所记的事情。例如，武丁时常与𢀛方和土方发生战争，帝辛时曾远征人方。看到这类卜辞，就可以知道它们是武丁或帝辛时的甲骨。

八　文法

所谓文法，是指各时代说话的语句不同。例如，关于田猎的卜辞，武丁时多说：『王往于田，亡𡿧。』廪辛时有的卜辞说：『王其田，湉日亡巛。』帝乙时则说：『田某地，往来亡[illegible]，王卟日吉。』见到这类不同的说法，就可以推知它们是属于何王时的甲骨。

九　字形

从武丁到帝辛有二百多年。这期间文字的字形有许多已有变化，笔画有增省，字形有的已不相同。由这些字形的演变，也可以推知甲骨是哪一个时期的。例如，『王』字，武丁时作『[illegible]』，祖甲时作『[illegible]』，廪辛时作『[illegible]』及『王』。又如『祸』字，武丁时作『[illegible]』，祖甲以后作『[illegible]』，帝乙、帝辛时作『[illegible]』。又如『旬』字，武丁时作『[illegible]』，廪辛时作『[illegible]』。

卜辞有前后用字不同的情况。这就是最初用某字，后又假用其他字或者造一个新字。例如，『有』字，武丁和祖庚时作『㞢』，祖甲以后假用『又』字，『㞢』就不见了。又如『[illegible]』字，武丁、祖甲时作『𡿧』或『巛』，这大概是表示洪水泛滥为灾。这就是说文的『巛』字，后世演变为『甾』及『甾』。武乙时则用『[illegible]』『𢦏』字，这显是假借字。『𢦏』后世孳乳为『𢦔』字。到了帝乙、帝辛时，则作『[illegible]』『[illegible]』，或又作『[illegible]』，这显是『巛』加『[illegible]』表声形成的，也就是用形声的方法造的新字。由这种字形的演变可以推知是哪一时期的甲骨。

十 书法

书法主要是指书刻的风格。书法的风格从武丁到帝辛各时期有所不同。各时期书法的风格怎样，不同在哪里，言语是难说清楚的。董作宾说，第一期雄伟，第二期谨饬，第三期颓靡，第四期劲峭，第五期严整。这种形容词也难使人明白各期的书法究竟是怎么样的。这只有亲眼看到了才能明了。

甲骨断代有这十种标准，这中间最主要的是称谓和贞人两种。用这些方法进行研究，很多甲骨现在已经能够确定是属于哪一个时期的，但也还有许多难以知道是哪一个时期的。

汉字的起源

这里有两个问题：一是汉字是怎样起源的；二是汉字是什么时候出现的。关于汉字的起源有几种说法：

一　起于仓颉造字

战国时代传说仓颉造字。

荀子解蔽篇：『好书者众矣，而仓颉独传者，壹也。』

韩非子五蠹篇：『古者仓颉之作书也，自环者谓之私，背私谓之公。』

吕氏春秋君守篇：『仓颉作书。』

世本：『沮诵仓颉作书。』

二　起于八卦

说文解字序：『古者庖牺氏之王天下也，……始作易八卦。……及神农氏，结绳为治，而统其事。……黄帝之史仓颉……初造书契。』

尚书伪孔序：『古者伏牺氏之王天下也，始画八卦，造书契，以代结绳之政。』

易纬乾坤凿度：『☰（乾）古文天字。☷（坤）古文地字。☲（离）古文火字。☵（坎）古文水字。☴（巽）古文风字。☳（震）古文雷字。☶（艮）古文山字。☱（兑）古文泽字。』

近世梁启超也这样说。他说，☵和篆文巛字形一样，即是一个字，不过一个横写，一个直写而已。☲即是火字，后世作火，是把上下两爻改为『人』，把中间两爻移到两边。高亨也说，八卦可能有形有义有音，具有文字的条件，似是一种文字。

三　起于结绳

易系辞：『上古结绳而治，后世圣人易之以书契。』

庄子胠箧篇：『昔者容成氏、大庭氏……伏牺氏、神农氏，当是时也，民结绳而用之。』

后世学者有人据此就认为文字起于结绳。例如，近世刘师培认为，说文之『弌』『弍』『弎』就是结绳时代的文字，表示狩猎时捕得一头野兽系在戈上就作『弌』，捕得两头野兽系在戈上就作『弍』。

四　起于图画

吕氏春秋勿躬篇：『史皇作图。』

世本作篇：『史皇作图，仓颉作书。』学者据此便说文字起于图画。现代有许多人都认为文字起于图画。原始社会人就会画，考古也发现了原始社会时代的画。汉字的象形字有许多字如鸟兽草木虫鱼，形状都与画差不多。有人认为这种画就是文字。有人称它为图画文字，有人称它为文字画。这些图画再经过演变成为以后的文字。

五　汉字是殷代史官创造的

这是最近四川大学教授徐中舒先生主张的。他认为文字的发展分为两个阶段：第一阶段是表意的图谱，即画一些自然界中的事物和人事的图画，表达某种意思。第二阶段是象形文字阶段。这是殷代后期才出现的，这时殷代的贞人们把过去的许多图谱发展成为象形文字。

此外还有两种说法：①文字是群众创造的。近代不少人都主张这种说法。他们认为文字是社会的公器，是人们交流思想感情的工具。人民群众为适应生活的需要，创造文字，不是哪一个人创造的。②文字是劳动人民创造的。新中国成立后有许多人都这样说。他们认为一切文明都是劳动人民创造的，所以文字也是劳动人民创造的。

近几十年来，我国考古发掘，在辛店期的陶器上有所谓『图案』，在半坡期的陶器上有许多符号，山东大汶口和诸城出土的陶器上有『』及『』的符号，有人认为这就是文字。

汉字出现的时间，若据仓颉造字说，应是黄帝的时候。汉书古今人表说文序都说仓颉是黄帝时的史官。若据起于八卦说，应是伏牺的时候，传说都谓伏牺作卦。若据起于结绳说，应是神农的时候，传说都谓神农时结绳为治。若据徐中舒先生说，汉字应起于殷虚的时候。若据考古学家所说，辛店、半坡、大汶口、诸城等出土的陶器上的符号就是文字，则我国在新石器时代就已有文字了。

对这个问题，我觉得必须先明确两点：①什么是文字；②在社会发展上，文字的出现是在历史发展的哪一个阶段。这样才能对这个问题有个衡量的标准，才可以看得比较清楚。如果仅凭一些不能确定的传说或一些现象，那就不免是臆说，是不能得到正确、合理的结论的。

文字是语言的符号，也就是说语言里一个词用一个符号来表示，这个符号就是文字。文字是语言的符号，所以它不仅有形，而且有声有义。文字不仅要能表示它在语言里所代表的单词，还要能与其他词连缀在一起成为一句话，以表达自己的思想意识。别人看到这些话就可以知道它所说的是什么意思。

从这一点来看，上面所说的汉字的起源正确不正确就可以判别清楚了。

八卦是不是文字？显然不是的。八卦只有八个符号，怎么能表达复杂的语言呢？八卦是占卜用的，卦爻所表示的卦象不是语言，八卦不是语言的符号。以离卦象火字形，坎卦象水字形，显是曲解。

汉字起于结绳，这显是曲解系辞的话。系辞说『上古结绳而治，后世圣人易之以书契』，乃是说上古的时候用结绳的方法记事，后世改用书契，并不是说结绳就是文字或文字起于结绳。『契』字原义为刻。古代用木，将其旁边刻成齿，用以记数和契约。如列子说符篇说一个故事：『宋人有游于道，得人遗契者，归而藏之，密数其齿，告邻人曰：「吾富可待矣。」』宋国的这个人数着齿，以为自己发了财，这种契就是刻齿记数的。古代契约也刻契，把一块木片，中间刻成锯齿，分为两半，两人各执一半。要证明是否真实，就把两半合在一起，看是否相合，相合就是真的，不合就是假的。易林说『符左契右，相与合齿』，就是这种情况。

文字起于图画也不正确。在文字发明以前人们已会绘画，这是没有疑问的。但图画是不是文字呢？显然不是的。图画只能画出自然物体的形象，画不出人的思想感情，更不能表达语言，所以不是文字。文字起于图画，图画怎样发展成为文字的呢？这个过程是怎样的呢？恐怕谁也说不清楚。试举唐兰在中国文字学里的话来说：『文字本于图画，最初的文字是可以读出来的图画。但图画却不一定能读。后来文字跟图画渐渐分歧，差别逐渐显著，文字不再是图画的，而是书写的。书写的技术，不需要逼真的描绘，只要把特点写出来，大致不错，使人能认识就够了。』这种解释显然毫无具体的事实，只是想象之辞。

我们认为文字实不是起于图画。在汉字里有许多象形字，这乃是文字创造的时候，对于有些实物有形可状者就勾画出它的形状或特点作为那一实物的符号。

文字是人民群众创造的和劳动人民创造的，也难信。所谓人民群众创造的，是说文字由大众创造的而不是由一个人或少数人创造的。文字是交换思想感情的工具，在一个民族内是共同使用的，因此文字是有统一性的，在一个民族内所使用的必须是同一种文字。如果人民群众都可以创造文字，则文字必就不能统一，也就无法使用。所以人民群众创造文字之说在理论上是说不通的。

社会的物质财富是劳动人民创造的，这是无可否认的。生产不断地发展，物质财富不断地增加，从而推动文化向前发展，这也是无可否认的。但一切文化是不是都是劳动人民创造的呢？这就不能这样说了。人类文明除了物质文明以外还有精神文明；社会除了物质基础以外还有上层建筑。精神文明和上层建筑，如哲学、文学、艺术和法律等，如果说这些也都是劳动人民创造的，恐怕难说得过去吧！文字也是上层建筑，也必不是劳动人民创造的。

考古学者说辛店期陶器上的图案、半坡陶器上的符号，以及大汶口和诸城出土的陶器上的『』和『』符号是文字，这也不足信。半坡和辛店期都是仰韶文化，大汶口和诸城都是由仰韶文化到龙山文化之间过渡期的文化，都是新石器时代的文化。文字是进入文明时代的标志，试问新石器时代已进入文明时代了吗？新石器时代还未到文明时代，这时候怎么会有文字呢？

古代传说仓颉造字，徐中舒先生说文字是殷虚时代贞人们创造的。这些说法是否确实可信自也难断定。但文字的发明者虽然不确定就是仓颉或殷虚时代的贞人，但应是统治阶级中一些有知识的人。

文字的发明是一个民族发展到一定时代的产物，是一个民族进入文明时代的标志。我们就应用这个标志来衡量我国文字产生于什么时候。

什么是文明时代呢？一个民族发展进入文明时代，当时的社会情况如何呢？

按照历史唯物主义的理论，在文明时代以前是原始社会，当时社会组织是氏族。由于生产逐渐发展，尤其是铁工具使用以后，生产力大大提高了，生产更发达起来。生产发达后，人们生产出来的产品，除了自己生活以外还有剩余，于是便逐渐有了贫富之分，逐渐形成阶级，氏族也逐渐分化破坏。阶级的分化愈来愈甚，于是有剥削者和被剥削者之分。剥削阶级为压迫被剥削阶级，于是产生一个阶级压迫另一个阶级的机器——国家。这时候就进入了文明时代。

文字是在这样的历史背景下产生的。我们认为文字的发明乃是当时政治上的需要。当时已经有了国家，一个国家的事务便不像氏族那样简单，而是非常复杂的，有政治、军事、经济、法令等。治理一个国家不是仅凭口头的语言所能了事的，语言是受空间和时间限制的，而文字有两种重要的作用，一是打破语言的空间限制，二是打破语言的时间限制，这就非需要文字不可，文字也就因此而被发明出来。易系辞：『上古结绳而治，后世圣人易之以书契，百官以治，万民以察。』这很清楚地说文字是由于政治的需要而产生的。淮南子泰族训：『苍颉之初作书，以辩治百官，领理万事。』

试从我国历史上一些少数民族来看。我国历史上少数民族有文字者有突厥、吐蕃、回纥、契丹、西夏、女真、蒙古和满洲。突厥文是土门可汗建国后创造的，吐蕃文是弃宗弄赞建立国家后创造的，回纥文是吐迷度建立国家后创造的，契丹文是耶律阿保机称帝后创造的，西夏文是元昊称帝后创造的，女真文是阿骨打称帝后创造的，蒙古文是成吉思汗称汗后创造的，满文是努尔哈赤称帝后创造的，可见，都是建立国家以后才创造文字。由此更可知，文字确实是由于国家政治的需要才产生的。所以我以为文字应是统治阶级发明的。要治理国家，就必须要一班治理国家的人。这时候，社会的发展已进入文明时代，人们的知识也必已达到相当高的程度，当时治理国家的人中必有一些知识水平比较高的人。我以为文字就是这些人创造的。

汉字起源于什么时候呢？用上述标准来衡量，绝不是起于伏牺、神农、黄帝或辛店文化、半坡文化、大汶口文化时代，因为它们还都是原始社会，还未进入文明时代，更没有国家。

我国什么时候开始有国家，现在还不能确切指出。一般历史学者多认为夏代已有国家。根据这种说法，汉字的发明当在夏代以后。甲骨文有『帝』和『王』两个字，这都是我国古代最高统治者的称号。古代记载，黄帝以后至舜都称帝，夏到商称帝又称王，周只称王。在卜辞里，帝有两种意思：一是上帝，二是统治者。王只是统治者。在古书和卜辞里，商代的统治者都称王也称帝。夏事卜辞不见，但卜辞记载对它祖先的祭礼，对它在汤灭夏以前的祖先，有称王的，如王亥、王亘。可知夏代必已称王，与古代记载相同。我国古代从夏代起才称王，则

『王』这个字，必定是在称王以后才创造的。这也足以说明汉字至少当在夏代才创造的。我们今天所见到的我国最早的文字是甲骨文，甲骨文是殷代武丁时的文字。汉字的起源必在夏初到殷虚时代之间，但具体的时间究竟在什么时候，就很难确指了。

有人说汉字起源于夏代。他们的理由是卜辞记载了殷代先公先王的世系。这些世系如果没有记载是不能如此清楚的。殷虚卜辞是用干支记日。干支夏代已经有了，如没有文字记载，也不能传下来。

但另一方面，我们今天所见到的我国最早的文字只有甲骨文。除殷虚以外，考古还发掘了许多文化遗址。其中如河南偃师的二里头、郑州，湖北黄冈的盘龙城都是城址，有人还说偃师二里头、郑州就是汤都之亳，这些遗址都没有发现文字。如在夏代已发明文字，为什么这许多殷代文化遗址都不见有文字呢？不仅夏代的文字不见，殷虚之前的文字也不见呢？卜辞记载了殷先公先王的世系，这个世系实是武丁及以后记载的世系。后世世本和殷本纪所记的殷世系就是这个世系。可知殷代的世系记载只有这一种世系流传到后世。如果武丁以前就有文字记载，为什么没有另一种世系传下来呢？这种现象又不能不使人对殷武丁以前有没有文字产生怀疑。

总之，文字发明的确切时间现在还是难断定的。

汉字的使用

关于汉字的使用，『六书』有『假借』。我国的汉字，即使从商代起算，也使用了三千多年了。在这样长的时间内，汉语在变，汉字在变，汉字的使用也在变。这样，形成了一种错综复杂的现象。对这些现象，学者有异体字、古今字、同义字、通假字、方言等说。但这些说法对这些字的内容有的还是不明确，在具体的汉字上，用这些说法指出某字是什么字也不能完全正确。

我觉得，对于汉字的使用应该从三个方面看，一是文字，二是语言，三是汉字的演变。

从文字方面看，一个字可能有三种字义：一是本义，二是引申义，三是假借义。本义是一个字最初造字时所表示它所代表的那个词的符号，引申义是这个字用于它本义以外的地方，假借义是这个字被用为其他词的符号。一个字被假用之后，字义就变了，它的字义应为假它为符号的词的词义。一个字可以假用为几个字的符号，因此一个字可以有几个不同的字义。一字多义就由此而来。一个字假用为其他词的符号，不仅字义改变了，字的声音也随之改变。它的声音应该读它所代表符号的那个字的声音。因此一个字可以有几个不同的读音。

从语言方面讲，语言里一个词应只有一个字作为它的符号，但实际上并不如此。有的词始终用一字作为符号，由于各种原因，有些词可能有几个字作为它的符号。这样，就形成多字一义。

汉字的字形是变的，除少数字以外，大多数字在演变发展中，由于偏旁或笔画的增省、改换和演变，一个字可能有几个不同的字形。

我们对汉字的每一个字都应从这三方面考察，对它的使用和字形的演变作历史的研究。这样对汉字使用的情况可有比较清楚的认识。

语言里一个词要用一个字作为符号，但在汉字的演变中，这个字的字形是变的，因此一个字可有几个不同的字形，也就是这个词的符号的形状是会变的，一个词有几个不同形状的符号。这些异体字多是在汉字演变发展中形成的。试举例来说：

网、罔、網。说文：『网，庖牺所结绳以渔，从冂，下象网交文……罔，网或从亡。𦊔，网或从糸。』『网』字甲骨文作『冈』，『罔』则是后加『亡』，加『亡』是以『亡』表声。『𦊔』今作『網』，是『罔』加『糸』，加『糸』自以之表义，表示網是绳结织的。

鬲、䰛、㽁。说文：『鬲，鼎属。䰛，鬲或从瓦。㽁，汉令鬲，从瓦，厤声。』『鬲』甲骨文作『鬲』，『䰛』当是后世加『瓦』表义，即鬲是瓦器，汉代改用『厤』表声成『㽁』。金文有作『鎘』者也是加『金』表义，说鬲是铜器。

古代文献里这样的情况很多，试举些例子。

⿰衤虘、謯、詛。说文：『詛，詶也。』按汉书五行志：『明年，刘釐复坐⿰衤虘要斩。』师古曰：『⿰衤虘，古詛字。』汉书外戚传：『后姊平安刚侯夫人谒等为媚道祝謯。』师古曰：『謯，古詛字。』『詛』『⿰衤虘』『謯』三字同。这是『⿰衤虘』『謯』所加偏旁不同。『詛』则是『謯』之省。

嬗、襢、擅、禅。说文：『嬗，缓也。从女亶声。一曰传也。』荀子儒效篇：『周公无天下矣，乡有天下，今无天下，非擅也。』史记秦楚之际月表：『拨乱诛暴，平定海内，卒践帝祚，成于汉家，五年之间，号令三嬗。』汉书王莽传：『莽曰：予之皇始祖考虞帝受嬗于唐。』师古曰：『嬗，古禅字。』汉书眭弘传：『汉帝宜谁差天下，求索贤，襢以帝位。』汉书盖宽饶传：『时执金吾议，以为宽饶意欲求襢。』师古并云：『襢，古禅字。』

臻、溱、轃、凑。说文：『臻，至也，从至秦声。』汉书王褒传：『化溢四表，横被无穷，遐夷贡献，万祥毕溱。』汉书谷永传：『甲乙之间，暴风三溱，拔树折木。』师古并谓：『溱与臻同。』汉书王吉传：『美声广誉，登而上闻，则福禄其轃。』扬雄传：『是时，未轃夫甘泉也，乃望通天之绎绎。』王莽传：『四海奔走，百蛮并轃。』师古并云：『轃与臻同。』史记三王世家：『外讨强暴，极临北海，西凑月氏。』正义：『凑，音臻。』『臻』『溱』『轃』『凑』同。

⿺走畢、蹕、⿺辶畢。说文：『⿺走畢，止行也。』汉书韩安国传：『梁王父兄皆帝王，而所见者大，故出称⿺走畢，入言警。』汉书叔孙通传：『孝惠帝为东朝长乐宫，及间往，数蹕，烦民，作复道。』汉书霍光传：『诈令人为燕王上书，言光出都肄羽林，道上称⿺辶畢。』『⿺走畢』『蹕』『⿺辶畢』同。

畜、蓄、稸。说文：『畜，田畜也。』汉书李陵传：『迁盛言陵事亲孝，与士信，常奋不顾身以殉国家之急。其素所畜积也。』翼奉传：『又宫室苑囿，奢泰难供，以故民困国虚，亡累年之畜。』师古并云：『畜读曰蓄。』说文：『蓄，积也。』诗谷风：『我有旨蓄。』释文：『本一作畜。』汉书货殖传：『所以顺时宣气，蕃阜庶物，稸足功用，如此之备也。』师古云：『稸即蓄。』『畜』『蓄』『稸』同。

慢、谩、嫚。说文：『慢，惰也。从心曼声。一曰慢，不畏也。』说文：『惰，不敬也。』『慢』义为轻慢不敬。汉书董仲舒传：『夫善恶之相从，如景乡之应形声也。故桀纣暴谩，谗贼并进。』崔方进传：『勋吏二千石，幸得奉使，不遵礼仪，轻谩宰相。』外戚传：『废后因孊私赂遗长，数通书记，相报谢，长书有悖谩。』师古并谓：『谩与慢同。』汉书韩信传：『王数嫚无礼。』师古曰：『嫚与慢同。』史记作『慢』，诗大叔于田：『叔马慢忌。』释文作『嫚』，云：『本又作慢。』『慢』『谩』『嫚』同。

票、剽、僄、嘌。汉书扬雄传：『亶观夫票禽之绁隃。』又：『简力狡兽，校武票禽。』师古曰：『票禽，劲疾之禽也。』汉书霍去病传：『大将军受诏予壮士为票姚校尉。』师古曰：『票姚，劲疾之貌。去病后为票骑将军，尚取票姚之字耳。』『票骑将军』史记作『骠骑将军』。史记高祖本纪：『项羽为人剽悍猾贼。』又：『今项羽剽悍不可遣。』索隐引说文云：『剽，疾也。』说文：『僄，轻也。』汉书谷永传：『崇聚僄轻无义之小人以为私客。』师古曰：『僄，疾也。』说文：『嘌，疾也……诗曰匪车嘌兮。』释文：『嘌本亦作票。』『剽』『僄』『骠』『嘌』义皆与『票』同，都是由『票』孳乳的。

隊、䃞、隧、墜。说文：『隊，从高隊也。』庄公八年左传：『豕人之啼，公惧，隊于车。』文公三年左传：『秋，雨螽于宋，隊而死。』汉书五行志作『墜』。汉书枚乘传：『系方绝，又重镇之。系绝于天，隊入深渊，难以复出。』汉书韦贤传：『五服崩离，宗周以隊。』汉书叙传：『薄姬䃞魏，宗又产德。』师古曰：『䃞，古墜字。』淮南子说林训：『悬垂之类，有时而隧。』高诱注云：『隧，堕也。』『隊』『䃞』『墜』同义，『䃞』『墜』是由『隊』孳乳的。

氐、抵、邸。说文：『氐，至也。』广雅释诂：『抵，至也。』汉书沟洫志：『其后人有上书欲通褒斜道及漕，事下御史大夫张汤。汤问其事，因言抵蜀从故道。』师古曰：『抵，至也。』史记秦始皇本纪：『道九原抵云阳。』楚辞涉江：『步余马兮山皋，邸舍车兮方林。』史记河渠书：『韩闻秦之好兴事。欲罢之，毋令东伐，乃使水工郑国间说秦，令凿泾水自中山西邸瓠口为渠。』索隐：『邸，至也。』汉书文帝纪：『至邸而议之。』师古曰：『郡国朝宿之舍在京师者率名邸，邸，至也，言所归至也。』『氐』『抵』『邸』三字义同。

奇、倚、猗。说文：『倚，依也，从人奇声。』史记外戚世家：『臧见卜筮之曰：两女皆当贵，因欲奇两女。』索隐：『汉书作倚，倚，依也。』汉书孔光传：『又傅太后欲与成帝母俱称尊号，群下多顺指……唯师丹与光持不可。上重违大臣正议，又内迫傅太后，猗违者连岁。』师古曰：『猗违犹依违也。』『奇』『倚』『猗』义同。『倚』『猗』由『奇』孳乳，即为一个字。

关、咲、笑。说文：『笑（笑），喜也。』汉书薛宣传：『意掾宜从众归，对妻子，设酒肴，请邻里，一关相乐。』汉书谷永传：『放去淫溺之乐，罢归倡优之笑。』汉书师丹传：『于是上嘿然而咲。』汉书叙传：『毋贪不可，几为二母所咲。』『关』『咲』，师古并云：『古笑字。』赵策：『百里之地不可得，而死者不可复生，则主必为天下咲矣。』『关』『咲』一字，『笑』则是后造的。『笑』，说文作『笑』，乃唐代传的字形（参看说文『笑』字段注），宋以后始通用『笑』。

歡、驩、懽。说文：『歡，喜乐也。』又：『驩，马名。』又：『懽，喜款也。』汉书窦婴传：『孝王朝，因燕昆弟饮，是时，上未立太子。酒酣，上从容曰，千秋万岁后传王，太后驩。』汉书韩安国传：『其后梁王益亲驩。』汉书外戚传：『初入太子家，上令中常侍黄门亲近者侍送，还白太子懽说状。』『驩』『懽』又与『歡』相同，三者同字。

祅、訞、妖。说文：『地反物为祅。』又：『妖，巧也。』诗曰：『桃之妖妖。』汉书眭弘传：『下其书廷尉，奏赐孟妄设祅言惑众，大逆不道，皆伏诛。』汉书夏侯胜传：『昌邑王嗣主，数出，胜当乘舆前谏……王怒，谓胜为祅言。』淮南子时则训：『季冬行秋令，则白露蚤降，介虫为祅。』史记秦始皇本纪：『诸生在咸阳者，吾使人廉问，或为訞言以乱黔首。』荀子非十二子篇：『如是而不服者，则可谓訞怪狡猾之人矣。』杨倞曰：『訞与妖同。』汉书杨恽传：

『不竭忠爱，尽臣子义，而妄怨望称引为訞恶言。』师古曰：『訞与妖同。』庄公十四年左传：『初，内蛇与外蛇斗于郑南门中，内蛇死，六年而厉公入。公闻之，问于申繻曰：犹有妖乎？对曰：人之所忌，其气焰以取之，妖由人兴也。人无衅焉，妖不自作。』『祅』『訞』『妖』义同。汉书艺文志引左传『妖』都作『訞』。似汉以前是用『祅』及『訞』，『妖』乃是以后改的。

齱、龊、⿰足齿。史记郦食其列传：『诸将徇地，过高阳者数十人，郦生闻其将皆握齱好苛礼自用。』史记司马相如列传：『且夫贤君之践位也，岂特委琐握龊，拘文牵俗。』汉书作『委琐握⿰足齿』。『齱』『龊』『⿰足齿』同。

汉字中有许多字学者称之为『音同义同』字者，他们认为这类字由于字音相同，所以字义也相同。由此又进而谓同音的字就可以通用。音同义同的字是不是如此？恐不能这样讲，这里首先要问的是，在语言里是否有两个词是同音同义的。文字是记录语言的，一个字作为一个词的符号，它的音和义只是它所代表的那个词的音和义，另一个字作为另一个词的符号，它的音和义也只是它所代表的那个词的音和义。这两词声音虽然相同，但义绝不会完全相同。因为不会有两个词是同一个音和同一个义。所以『音同义就同』是说不过去的。

我们认为这类字不是什么『音同义同』，乃是在发展中形成的异体字。这类字大多数是形声字，是声旁相同，义旁不同的字。这实是声旁为初字，或以其表音，而义旁则是后加的。因所加的义旁不同，形成不同的字形。试举几个例子来说。

貫、摜、遦、慣。说文：『遦，习也，从辵貫声。』段玉裁注云：『与手部摜音义同。』说文：『摜，习也，从手貫声。』春秋传曰：『摜渎鬼神。』段玉裁注云：『此与辵部遦音义皆同，古多假貫为之。』『摜渎鬼神』是昭公二十六年左传文，今作『貫』。杜预云：『貫，习也。』慣今字又作『慣』。『貫』『遦』『摜』『慣』义同。唐玄应一切经音义（卷九十九）云：『慣又作串、摜、遦三形。』玄应显认为这几个字是异体字，不是同音而义同，其字形不同乃是文字演变的结果。这几个字我以为初文是甲骨文『⿴口中』字，『⿴口中』演变为『串』及『毌』，『毌』再演变为『貫』，后加不同的偏旁成为『遦』『慣』『摜』等形，其义为习惯，是由贯穿、一贯引申的。

譒、播、敽。说文：『譒，敷也，从言番声。』段玉裁云：『手部播一曰布也，此与音义同。』尚书曰：『王譒告之。』『王譒告之』是尚书盘庚文，今尚书作『播』，是『譒』『播』通用。此字初作『敽』，后世改换偏旁作『譒』及『播』，实是一字三形。

訢、欣、忻。说文：『訢，喜也，从言斤声。』段玉裁云：『按此与欠部欣字音义皆同。』说文：『欣，笑喜也，从欠斤声。』段玉裁云：『言部訢下曰：喜也，义略同。』汉书万石君传：『僮仆訢訢如也。』晋灼引许慎曰：『訢，古欣字。』汉书贾山传：『使天下举贤良方正之士，天下皆訢訢焉。』汉书王吉传：『䜣䜣焉发愤忘食，日新厥德。』师古并云：『訢，古欣字。』据此『訢』和『欣』即同一个字。史记周本纪：『姜嫄出野，见巨人迹，心忻然说，欲践之。』『忻』义与『訢』『欣』相同，也应是一字，只是所加义旁不同而已。

訆、嘂、叫。说文：『訆，大呼也，从言丩声。』春秋传曰：『或訆于宋太庙。』段玉裁云：『与嘂部嘂、口部叫音义皆同。』说文：『嘂，高声也，一曰大呼也，从㗊丩声。』春秋公羊传曰：『鲁昭公嘂然而哭。』段玉裁云：『此与叫嗷略同。』说文：『叫，呼也，从口丩声。』段玉裁云：『按嘂、言部訆皆训大呼，此与音同，义小异。』『訆』『嘂』『叫』三字，段玉裁说『音义皆同』，又说『义略同』，又说『音同义小异』。解释不一致，究竟哪种解释是对的，似段氏也说不准。『叫』和『嘂』都训大呼，二字义同。所不同者只有『叫』字训呼而不是大呼。段氏谓『义小异』者是指此。按说文引『或訆于宋太庙』是襄公三十年左传文，今左传作『叫』。可见『訆』『叫』通用。可见『叫』义必与『訆』一样。这三个字义实全相同。这三个字实异体字。此字最初盖作『嘂』，后省作『叫』，或又改用『言』旁作『訆』。

龔、龏、共、恭。说文：『龏，慤也。』段玉裁云：『与心部恭音义同。』说文：『恭，肃也。』说文：『龔，给也。』按恭敬字古用『龔』。如尚书皋陶谟：『愿而恭。』史记夏本纪作『愿而恭』。后汉书杨震传引作『愿而龔』。尚书牧誓：『恭行天罚。』段玉裁云：『甘誓 牧誓龔行天之伐。』谓奉行也。汉魏晋唐引此无不作龔，可见『龏』与『龔』是一字。此字金文作『[illegible]』，所从之𠬞后来篆文一仍作『𠬞』，一变作『共』，形成不同的字形，说文误分为二字。

恭敬字古用『龔』字，如大克鼎：『释克龔保乕辟龔王。』『龔保』即敬保，『龔王』即周恭王。又如秦公毁：『严龔夤天命。』这与尚书无逸『严恭寅畏』一样。恭敬字古也用『共』字，如闵公二年左传：『告之以临民，教之以军旅，不共是惧。』僖公二十七年左传：『春，杞桓公来朝，用夷礼，故曰子。公卑杞，杞不共也。』僖公三十七年左传：『民未知礼，未生其共，于是乎大蒐以示之礼。』汉书孔光传：『朕之股肱，所与共承宗庙。』汉书翟方进传：『移檄郡国，言莽鸩杀孝平皇帝，矫摄尊号。今天子已立，共行天罚。』师古并云：『读曰恭。』『共』字必是『龔』字之首，『恭』字则是『共』字加『心』的。

说文：『龔，给也。』段玉裁云：『与人部供音义同。』说文：『供，设也，从人共声。一曰供给。』供给字古多用『共』。如楚王酓肯鼎和楚王酓忎鼎：『吕共胾棠。』隐公十一年左传：『寡人惟是一二父兄不能共亿。』杜预注云：『共，给也。』僖公十二年左传：『黄人恃诸侯之睦于齐，不共楚职。』僖公三十年左传：『行李之往来共其乏困。』『共』也为供给。汉书食货志：『古者税民不过什一，求其易共。』郊祀志：『稷者百穀之主，所以奉宗庙，共粢盛。』汉书薛宣传：『迁为少府共张职办。』师古并云：『共读曰供。』『共』就是供给之初字，后加『人』旁作『供』。说文训『龔』为给，盖是由于『龔』省作『共』，与『共』字形混用而误释的。说文训『共』为用，则是另一义。

引申义的字也往往增省或改换偏旁成为异体字。例如：

劦、愶、勰、協。说文：『劦，同力也，从三力。山海经曰：「惟号之山，其风若劦。」』

又：『恊，同心之和，从劦从心。』又：『勰，同思之和，从劦从思。』又：『協，众之和同也，从劦从十。』『劦』字从三力，是象多人合力劳作之意。卜辞有『劦田』。因为多人合力，故引申为和。『恊』『勰』『協』义都为和，因用在不同的地方，故后加偏旁表义，遂成为不同形的字。

尚书尧典：『百姓昭明，協和万邦。』史记五帝本纪作『合和万邦。』这是因为『劦』义为合，司马迁改用『合』字。

合、恰、詥。诗小雅正月：『洽比其邻，婚姻孔云。』传云：『洽，合也。』僖公二十九年左传引诗作『協比其邻。』这正与上述尚书尧典『協和万邦』、史记五帝本纪作『合和万邦』一样。由此我们可以推知，『洽』是由『協』而来的，『洽』则是由『合』孳乳的。说文：『詥，谐也。』又与『恰』同，当也是由『合』孳乳的。

疑、儗、擬、凝。说文：『儗，僭也。』汉书淮南王长传：『居处无度，儗于天子。』汉书沟洫志：『褒斜材木竹箭之饶，儗于巴蜀。』师古云：『儗，比也。』或又用『擬』。如韩非子说疑篇：『孽有擬适之子，配有擬妻之妾，朝有擬相之臣，臣有擬主之宠，此四者国之所危也。』史记孝文帝本纪：『有司言淮南王长……居处无度，出入擬于天子，擅为法。』史记货殖列传：『富至僮千人，田池射猎之乐，擬于人君。』此字有用『疑』字者。管子君臣篇：『内有疑妻之妾，此宫乱也；庶有疑适之子，此家乱也；朝有疑相之臣，此国乱也。』王充论衡对作篇：

『阳成子张作乐，扬子云造玄……不述而作，材疑圣人。』『疑』『儗』『拟』三字同义，此字盖最初用『疑』，『疑』义为惑，『疑于天子』，是谓与天子差不多，使人难辨疑惑，引申为僭儗，比儗。后加『人』旁为『儗』，或加『手』旁为『拟』。汉书扬雄传：『枳棘之榛榛兮，蝯貁拟而不敢下。』又：『是以欲谈者宛舌而固声，欲行者拟足而投迹。』师古曰：『拟，疑也。』更证『拟』与『疑』同。

『疑』又用为『凝』。如汉书扬雄传：『遭季夏之疑霜兮，庆夭顇而丧荣。』『疑霜』即『凝霜』，这是假借『疑』为『凝』。

假借我们前面已经说过。假借是一个字假用为另外一个词的符号。假用以后，字义便和原来的字不同，而是假它为符号的那个词的词义，它的声音也随之而改。有的一个字假用为几个词的符号，它也就有几个不同的词义。这种情况很容易混淆，所以又各加不同的偏旁以示区别，这样就形成几个不同的字。这前面已经说过了。这里再举几个例子看一看：

兄、况、贶。诗召旻：『胡不自替，职兄斯引。』释文云：『兄音况。』诗桑柔：『仓兄填兮。』释文云：『兄音况，注同，滋也，本亦作况。』汉书尹翁归传：『尹翁归字子兄。』汉书翟方进传：『中郎将震羌侯窦兄为奋威将军。』师古云：『兄读曰况。』『兄』与『况』同。

『况』义为赐。汉书夏侯胜传：『上天报况，符瑞并应。』汉书王莽传：『予前在摄时，建郊宫，定祧庙，立社稷，神祇报况。』师古并云：『况，赐也。』

『况』又作『贶』。尔雅释诂：『贶，赐也。』诗彤弓：『我有嘉宾，中心贶之。』传云：『贶，赐也。』国语鲁语：『君之所以贶使臣，臣敢不拜贶。』国语晋语：『且夫间父之爱，而不嘉其贶，有不忠焉。』韦昭并云：『贶，赐也。』『贶』『况』义同。

按金文『兄』字义也为赐。中方鼎：『兹裛人入事，易于武王作臣，今兄畀女裛土，作乃采。』『兄』义显为赐，这句话是说：『裛人来归附，赐给武王为臣，现在赐予你，作你的采邑。』

这个字初时假用『兄』字，后加不同的偏旁成为『况』和『贶』。

卷、惓、拳。说文：『卷，厀曲也。』汉书贾捐之传：『臣幸得遭明盛之朝，蒙危言之策，无忌讳之患，敢昧死竭卷卷。』师古云：『卷读与拳同。』汉书元后传：『孝元后历汉四世，为天下母，飨国六十余载……位号已移于天下，而元后卷卷犹握一玺！』师古云：『卷音其圆切，解在刘向传。』汉书刘向传：『念忠臣虽在甽亩，犹不忘君，惓惓之义也。』师古云：『惓惓，忠谨之意。惓读与拳同。』汉书鲍宣传：『臣宣呐钝于辞，不胜惓惓。』汉书贡禹传：『臣禹不胜拳拳，不敢不尽愚心。』师古云：『拳拳解在刘向传，下鲍宣传惓惓音义亦同。』是『卷』『惓』『拳』同字。此字当是最初使用『卷』字，后加『心』为『惓』，换从手作为『拳』。

咸、摵、感、撼、憾。说文：『咸，皆也。』『咸』义又为感。广雅释言：『咸，感也。』『感』义为动。说文：『感，动人心也。』诗野有死麕：『无感我悦兮。』传云：『感，动也。』

汉书外戚传：『感帷裳兮发红罗。』师古曰：『感，动也。』庄子山木篇：『庄周游乎雕陵之樊，睹一异鹊自南方来者，翼广七尺，目大运寸，感周之颡而集于栗林。』『感』义也为动。尔雅释诂：『撼，动也。』与『感』义同。说文：『摵，摇也。』宋徐铉云：『今则作撼。』广雅释言：『摵，摇也。』王念孙云『摵』与『撼』同。是『摵』『感』『撼』同字。

『感』义又为憾恨。汉书张安世传：『元康四年春，安世病，上疏归侯，乞骸骨。天子报曰：……君先帝大臣，明于治乱，朕所不及得数问焉，何感而上书归卫将军富平侯印？』汉书杜邺传：『故内无感恨之隙，外无侵侮之羞。』或又用『憾』，隐公五年左传：『宋人取邾田，邾人告于郑曰：请君释憾于宋，敝邑为道。』庄公十四年左传：『寡人出，伯父无里言，入又不念寡人，寡人憾焉。』隐公三年左传：『夫宠而不骄，骄而能降，降而不憾，憾而能眕者，鲜矣。』释文：『憾本又作感，同胡暗反，恨也。』『憾』与『感』同。

这几个字最初假用『咸』字，后加『手』旁作『摵』，或加『心』旁作『感』，『感』加『手』或『心』则为『撼』『憾』。

亢、肮、抗、伉。说文：『亢，人颈也。』汉书张耳陈余传：『且人臣有篡弑之名，岂有面目复事上哉！乃仰绝亢而死。』汉书娄敬传：『夫与人斗，不搤其亢，拊其背，未能全胜。今陛下入关而都，按秦之故，此亦搤天下之亢而拊其背。』『亢』字又作『肮』。上举二例，『亢』字史记都作『肮』。

说文：『抗，扞也。』古也用『亢』。广雅释诂：『亢，当也。』僖公二十八年左传：『背惠食言，以亢其雠，我曲楚直。』宣公十五年左传：『颗见老人结草以亢杜回。』杜预注云：『亢，御也。』襄公十四年左传：『戎亢其下。』杜预注云：『亢，当也。』汉书赵充国传：『料敌制胜，威谋靡亢。』师古云：『亢与抗同。』

史记货殖列传：『结驷连骑，束帛之币，聘享诸侯，所至，国君无不分庭与之抗礼。』史记悼惠王世家：『齐王入朝，惠帝与齐王燕饮，亢礼如家人。』汉书汲黯传：『大将军青既益尊，姊为皇后，然黯与亢礼。』汉书娄敬传：『外孙为单于，岂曾闻外孙敢与大父亢礼哉。』史记楚世家：『楚王至，则闭武关，遂与西至咸阳，朝章台，如蕃臣，不与亢礼。』这也是『亢』与『抗』同。

广雅释诂：『伉，当也。』战国策秦策：『且夫苏秦特穷巷掘门桑户棬枢之士耳，伏轼撙衔，横历天下，廷说诸侯之王，杜左右之口，天之莫之能伉。』战国策赵策：『今君不能与文信侯相伉以权，而责文信侯少礼，臣窃为君不取也。』『伉』与『抗』同。

『抗』『伉』初假用『亢』字，后加『手』或『人』成为『抗』及『伉』。

卑、俾、裨、埤、鼙。说文：『卑，贱也。』诗节南山：『天子是毗，俾民不迷。』『俾』释文作『卑』，云：『本亦作俾，注同，后皆放此。』诗绵：『俾立家室。』『俾』释文作『卑』，云：『本亦作俾，后皆放此』。诗菀柳：『俾予靖之。』释文云：『本亦作卑，使也，后皆放此。』诗閟宫：『奄有下国，俾民稼穑。』释文作『卑』，云：『本亦作俾。』僖公二十八年左传：『俾遂其帅。』释文作『卑』，云：『本亦作俾，使也。』从这些情况看，诗经 左传必先用『卑』，后改用『俾』。『俾』是由『卑』加『人』旁的。

说文：『俾，益也。』『裨，益也。』『朇，益也。』广雅释诂：『埤，益也。』『俾』『裨』『朇』『埤』义同。段玉裁云：『经 传云俾皆训使，无异解，盖即益之引申。』如此说可信，则这几个字初字为『卑』，后加不同的偏旁孳乳为『俾』『裨』『埤』『朇』。

交、蛟、狡。说文：『交，交胫也。』假用为『蛟』。汉书高祖本纪：『其先刘媪尝息大泽之陂，梦与神遇。是时，雷电晦冥。太公往视，则其交龙于其上。』（史记作『蛟』）汉书邹阳传：『臣闻交龙襄首奋翼，则浮云出流，雾雨咸集。』荀子大略：『奉妒昧者谓之交谲，交谲之人，妒昧之臣，国之薉孽也。』『交』显为『狡』，『交』后加『虫』为『蛟』，加『犬』为『狡』。

说、税、捝、脱、蜕。说文：『说释也，从言兑声，一曰谈说。』段玉裁云：『说释即悦怿。说悦、释怿皆古今字。』喜悦字古都用『说』字。后世用『悦』，只是改换义旁。从『心』表示心中喜悦。说文：『兑，说也，从儿合声。』『兑』『说』义同，然则说初只作『兑』，后加『言』为『说』，易兑卦彖曰：『兑，说也。』

税 诗甘棠：『勿翦勿拜，召伯所说。』传云：『说，舍也。』释文云：『本又作税，又作脱。」诗硕人：『硕人敖敖，说于农郊。』释文云：『本或作税，舍也。』诗蜉蝣：『心之忧矣，于我归说。』郑笺云：『说犹舍息也。』『说』与『税』同。

脱　僖公十五年左传：『车说其輹，火焚其旗。』释文云：『说「吐话反」。』襄公二十五年左传：『祝佗父祭于高唐，至复命，不说弁而死于崔氏。』释文云：『说「他话反」。』『说』字又用『税』。庄公九年左传：『管仲请囚，鲍叔受之，及堂阜而税之。』释文云：『本又作说，同。』成公九年左传：『晋侯观于军府，见钟仪，问之曰：「南冠而絷者，谁也？」有司对曰：「郑人所献楚囚也。」使税之。』杜预注云：『税，解也。』释文云：『吐话反，解也。』『说』『税』同。

解脱字说文作『挩』。说文：『挩，解挩也。』今则作『脱』。『税』『挩』『脱』都是由『说』改换义旁而成的。说文：『蜕，它蝉所解皮也。从虫税省。』按淮南子说林训：『蝉饮而不食，三十日而脱。』『脱』显是蝉解皮，义与『蜕』相同。『蜕』与『税』『脱』也应同字。说文谓『蜕』是『税省』，更可知『蜕』是由『税』省变的。段玉裁云，『税省』是『浅人改耳』，是没有了解这个字的来源。

復、複、腹、愎、覆。说文：『復，往来也。』史记秦始皇本纪：『为復道，自阿房渡渭属之咸阳。』汉书叔孙通传：『惠帝为东朝长乐宫，及间往，数跸烦民，作複道。』汉书孔光传：『北宫有紫房復道通未央宫。』师古曰：『復读曰複。』汉书叙传：『復必弘道惟圣兮。』萧该音义曰：『復作腹。』战国策赵策：『夫智伯之为人也，好利而鸷復。』復必读愎。战国策燕策：『夫安乐无事，不见復军杀将之忧，无过燕矣。』復必读覆。

这几个字初只假用『復』字，因为假为几个词的符号，一字多义，容易混淆，后世更换义旁，便成『複』『腹』『愎』『覆』等字。

汉字的结构及其演变

我国古代造字的方法有所谓『六书』。『六书』之名最早见于周礼地官保氏。周礼云：『保氏掌教国子，教之六书。』但所谓『六书』是哪『六书』，周礼没有说明。后汉郑众注周礼，谓『六书』是象形、会意、转注、处事、假借、谐声。班固汉书艺文志谓是象形、象事、象意、象声、转注、假借，但对『六书』的意思也没有更进一步具体的解释。这只有许慎才加以申述。说文解字序云：『周礼，八岁入小学，保氏教国子，先以六书：一曰指事，指事者，视而可识，察而可见，上下是也。二曰象形，象形者，画成其物，随体诘诎，日月是也。三曰形声，形声者，以事为名，取譬相成，江河是也。四曰会意，会意者，比类合谊，以见指㧑，武信是也。五曰转注，转注者，建类一首，同意相受，考老是也。六曰假借，假借者，本无其字，依声托事，令长是也。』

郑众、班固与许慎对『六书』的解释所用术语不尽相同，是不是他们对『六书』的理解有所不同，和许慎所说不一样，现已无从得知。后世都用许慎之说，但许慎之说如何解释，后世也不相同。象形、形声、会意、假借比较容易懂，大家的意见还没有什么分歧，但指事和转注究竟怎样解释，大家的意见就不相同了。许慎举的指事字的例子只有『上』『下』两个字。在说文里明确说是指事字者也只有这两个字。『上，高也，此古文上，指事也。』『下，底也，指事。』其他没有指明为指事字者。因为许慎说得太简单，后世对他的意思就不明了。有人说：『合两文为会意，独体为指事。』（段玉裁说文解字序注）如一、二、三、四、五、六、七、八、九、十、子、丑、寅、卯都是指事。而说文谓四、九、子、丑、寅、卯都是象形。关于转注，学者的意见分歧更大。清代戴震、段玉裁等谓转注就是互训。段玉裁解释说：『建类一首，谓分立其义之类，而一其首，如尔雅释诂第一条说始是也。同意相受，谓无虑诸字，意旨略同，义可互受，相灌注而归于一首。如初哉首基肇祖元胎俶落权舆，其于义或近或远，皆可互相训释而同谓之始是也。独言考老者，其显明亲切者也。』章太炎说：『但中国有一千六百万方里的地面。同是一句话，各地的声气自然不能一样，所以后来又添出「转注」一件条例来。什么叫做转注？这一瓶水辗转注向那一瓶去；水是一样，瓶是两个。用这个意思来比喻，话是一样，声音是两种，所以叫做转注。譬如有个老字，换了一块地方，声音有点不同，又再造考字。』照章太炎这样说，转注字就是同义字，乃是因各地的方音不同而造的新字，这也可以说就是异体字。这些说法都难令人同意。

清代戴震、段玉裁等认为我国古代造字的原则只有象形、指事、会意、形声四种，转注、假借都是汉字使用的方法。假借是汉字使用的方法是不错的，但转注是不是汉字使用的方法就难说了。近时唐兰认为我国古代造字的方法只有象形、会意、形声三种，转注和假借都是文字使用的方法。

『六书』这些造字法则是后世归纳汉字的形体得出来的结果。这种说法是否完全合乎客观事实，或是否能够概括全部汉字的情况，以及后人对『六书』的解释是否正确，我们不能肯定，但从甲骨文看，象形、会意、形声则是很清楚的。

汉字是用象形、会意、形声这样的方法创造的，除象形字或其他一些独体字以外，会意字和形声字多是用两个字相配合组成的。会意字是用两个或两个以上的字相配合表示词义。形声字是用两个字相配合，一个表义，一个表声。汉字是这样用偏旁相配合构成文字，其演变也必是遵循这样的法则，即用偏旁配合的不同而演变和发展。这种偏旁配合的演变有没有规律呢？应该有的。

说文里有许多重文。重文就是异体字。这些重文无疑是在文字演变中形成的。因此，从这些重文，我们可以看出汉字演变的情况。说文中的重文有两种：一是古文和籀文，一是篆文。古文和籀文是先秦的文字，秦始皇改革文字把这些字改成篆文，原来的古文和籀文就不用了。说文收录了一些放在已经改革过的篆文后面作为重文。篆文重文就是篆文都有的异体字。现在我们举些例子来看。

一　古文和籀文重文

①改换或简化义旁，如：

播　敽（古）；垣　𩏺（籀）

②改换或简化声旁，如：

䢐　徂　遳（籀）；宇　寓（籀）

③简省笔画，如：

屋　屋（籀）；融　𩱜（籀）

④创造新字代替旧字，如：

帷　匩（古）；席　𠩄（古）

二　篆文重文

①声旁相同，义旁不同，如：

玩　貦；茵　鞇

②义旁相同，声旁不同，如：

琨　瑻；梅　楳

③义旁和声旁都不同，如：

玭 蠙；寏 院

④增加义旁，如：

厷 肱；或 域

⑤减省笔画或偏旁，如：

瑁 珇；秫 术

⑥减省笔画，同时又改换偏旁，如：

⿱速⿲弓鬲弓 餗；⿱矩鬯 秬

⑦象形字和会意字改用形声字，如：

鬲 歷；珏 瑴

这些重文是在汉字演变中形成的。反过来说，汉字也应按照这些形式演变。这些形式可以概括为下列几种：①可以增加义旁；②可以有不同的义旁；③可以增加声旁；④可以有不同的声旁；⑤可以减省笔画和偏旁；⑥可以义旁和声旁都不相同；⑦可以创造新字代替旧字。

汉字的演变并不都是这样简单，有的可能一变再变，但其演变的基本形式不外乎这些。

汉字最多的是形声字。形声是汉字造字的方法之一。这种方法使用得很早，甲骨文已有形声字。后世有许多字确实是用这种方法创造的，但我们今天所见到的形声字却不是都用这种方法创造的，有很多乃是在演变中增加或改换偏旁形成的。不论是象形字、会意字还是假借字，都可以增加义旁或声旁成为形声字。不仅形声字如此，会意字也同样有增加偏旁形成的。

试略举几个例子来说。

说文：「匜，似羹魁，柄中有道可以注水，从匸也声。」「匜」字金文初只作「也」，是象匜的形状，是个象形字。后或加「皿」作「⿱也皿」，或加「金」作「鉇」，或加「金」及「皿」作「⿰金⿱也皿」，或加「匸」作「匜」，成为形声字。

说文：「雞，知时畜也，从隹奚声。」「雞」字甲骨文初只画个鸡的形状，是个象形字，后加「奚」表声作「雞」，成为形声字。

说文：「得，行有所得也，从彳㝵声。㝵，古文省彳。」「得」甲骨文初只作「㝵」，象以手持贝，表示获得之意，是会意字，后加「彳」作「得」，成为形声字，这是会意字加偏旁成为形声字。

说文：「俘，军所获也，从人孚声。」「俘」字金文作「孚」，从爪从子，表示用手捕捉人之意，后加「人」旁作「俘」，也是会意字加偏旁成为形声字。

说文：「唯，诺也，从口隹声。」「唯」甲骨文作「隹」。「隹」是短尾鸟的总名，是个象形字，用为「唯」是假借，后加「口」旁作「唯」，成为形声字。

说文：「蠻，南蠻蛇种，从虫䜌声。」金文「蠻」都假用「䜌」字，后加「虫」作「蠻」，成为形声字。

说文还有许多『亦声』字。这种字旧时学者说是会意兼形声，也是一种造字的方法。段玉裁说：『凡言亦声者，会意兼形声也。凡字有用六书之一者，有兼六书之二者。』（说文『吏』字注）实际上，这种『亦声』字有许多也是在汉字演变中加偏旁的。例如：

说文：『禮，履也，所以事神致福也，从示从豊，豊亦声。』『禮』字甲骨文和金文都作『豊』（豊），后加『示』旁作『禮』。

说文：『仲，中也，从人从中，中亦声。』『仲』字甲骨文和金文都作『中』，古书也多作『中』。『仲』显是后世加『人』旁形成的。

说文所说的会意字有许多也是加偏旁形成的。例如：

说文：『社，地主也，从示土。』『社』字甲骨文作『土』字。这是因为社是土地之神，故用『土』来表示。因为社是土地之神，所以后世又加『示』成为会意字。

说文：『位，列中庭之左右谓之位，从人立。』『位』金文作『立』字，其义为位当是引申义，所立之处谓之位。后世加『人』旁表义成为『位』，形成会意字。

汉字的演变是由偏旁的增省、改换等进行的，汉字也由这偏旁的增省、改换等而发展。一个字增加或改换了偏旁，字形也就改变了，也就增加了一个字。以上所说的形声字就是这样。一个字可以有不同的义旁或声旁，如果一个字增改两个或三个不同的偏旁，那就成为几个不同形的字，再由于引申或假借，义也不同，于是就成为形义皆不同的字。汉字除了新造的字以外，很多都是这样发展来的。

现在我们举些例子来说。

说文：「神，天神引出万物者也，从示申。」「神」字甲骨文和金文初只作「申」。说文：「申，神也。」「申」义何以为神呢？「申」字甲骨文和金文作「□」或「□」，「□」即「电」字的初字，是象雷电闪耀之形。或作「□」，从二口，我以为是表雷的声音。我国古代造字都用「口」表示叫声。如「叫」字古作「嘂」，用「吅」表示大声号叫。「嚣」字也用「吅」表示喧嚣。雷电是自然界中有威力、最令人骇惧的现象。古人对这种现象不能理解，便以为是一种伟大的神力。从这个字我们可以看出古人对神的观念和古人对神崇拜的起源。这对研究宗教的起源很有益。由此可见，「申」最初是个象形字，后加「示」表义作「神」。「示」字在卜辞里都表示与神鬼和祭祀有关的意思，确切的意思还不知道。说文：「示，天垂象见吉凶，所以示人也，从二（上），三垂日月星也。观乎天文以察时变，示神事也。」这个解释是乱说的，不足信据。

说文：「䰠，神也，从鬼申声。」山海经中山经：「青要之山，䰠武罗司之。」郭璞云：「䰠即神字。」「䰠」与「神」是一个字，只是一个加「示」，一个加「鬼」，所加的义旁不同，遂成为两个字。

说文：『朢，月满与日相朢，以朝君也。从月从臣从壬，壬，朝廷也。𦣠古文朢省。』又云：『望，出亡在外，望其还也，从亡，朢省声。』『朢』字甲骨文作『』，从目从土，是表示人立在高地上远望之意。金文加『月』，是表示月望之意。其或又省『目』加『亡』，是以『亡』表声。因为偏旁增省不同，便成为两个字。说文对这个字的解释显是臆说。

假借字增加偏旁，一个字发展成为几个字者更多。例如『堇』字假用为：

『瑾』　颂鼎：『反入堇章。』

『勤』　㝬钟：『王肇遹省文武，堇疆土。』

『觐』　女⿱⿰隹聿女鼎：『女⿱⿰隹聿女堇于王。』

『僅』　汉书地理志：『豫章出黄金，然堇堇物之所有，取之不足以更费。』师古曰：『堇读曰僅。』

『堇』后加不同的偏旁表义，便成为『瑾』『勤』『觐』『僅』等字。

又如『辟』字假用为：

『闢』　盐铁论禁耕篇：『器用不便，则农夫罢于野，而草莱不辟。』孟子梁惠王上：『王之所大欲可知已，欲辟土地，朝秦楚，莅中国而抚四夷也。』

『避』　僖公二十八年左传：『退三舍辟之。』

『僻』　昭公十二年左传：『昔我先王熊绎，辟在荆山，筚路蓝缕，以处草莽。』汉书董仲舒传：『邪辟之说灭息，然后统纪可一，而法度可明。』

『譬』中庸：『君子之道辟如行远，必自迩；辟如登高，必自卑。』

『嬖』管子立政篇：『三本者不审，则邪臣上通，而便辟制威。』

『躄』荀子正论篇：『王梁、造父天下之善驭者也，不能以辟马毁车致远。』杨倞云：『辟与躄同。』

『霹』汉书扬雄传：『辟历列缺，吐火施鞭。』

『辟』后加不同的偏旁，便成为『闢』『避』『僻』『譬』『嬖』『躄』『霹』等字。

假借是汉字使用的重要方法，也是汉字发展的一个重要途径。假借是不得已而使用的一种方法，它是因汉字的造字方法与汉语之间的矛盾而产生的。文字是语言的符号，依理，语言中的每一个词都应该造一个字作为它的符号。这在汉字的造字方法上是办不到的。汉字是表义的，是用象形、会意、形声、指事等方法创造的。这些方法是有局限性的，它不能把汉语里所有的词汇都用字形表示出来。有许多抽象的、无形的东西如颜色，便不能用字形来表示。又如汉语中有许多语助词，是没有词汇意义的，也不能用字形表示出来。这类词只能假用声音与之相同的字来作为符号。社会是不断发展的，不断有新的事物出现，语言中也就不断地增加新的词汇。这些新的词汇不可能都创造新字来表示，有许多也只有假用同声音的字。因此假借字用得很多。假借字是一个字用作另一个词的符号，假用以后，字义也便和原来的字义不同。有的一个字可以假用为几个词的符号，于是一个字便有几种不同的字义。文字语言要求有准确性，假借字一字数义，便容易混淆，有害于准确性。为了避免混淆，后世乃加偏旁以示区别。于是这些假借字便成为形义完全不同的新字，汉字因此也就增加了。假借字很多，这样形成的字也很多，汉字就这样发展了。

汉字的演变有这些规律，我们掌握了这些规律，对汉字的演变发展就比较容易把握。

文字是语言的符号，除了字形以外还有字义。研究文字更重要的是研究字义。字义就是一个字所代表的语词的词意。明白了字义才知道它所代表的是语言里的哪一个词。汉字的字义不外乎三种，即本义、引申义和假借义。这是在语言文字的使用中形成的。本义是一个字在最初造字时所表示的词意。引申义是这个词在使用时衍生出来的词意。假借是一个字假借为另一个词的符号，假借义即另一个词的词意。研究文字的字义应就是研究这种字义的演变。这里最重要的是研究本义。研究甲骨文尤其如此。一个字本义明了之后，它的引申义也就容易了解了，它用作假借字也就可以知道。汉字并不是所有字的本义都可以知道，有些字，即使是甲骨文，本义也是不能知道的。这种字也要研究它字义演变的情况。

怎样寻求一个字的本义呢？有些字从字形上很容易就可以知道。例如，马、牛、羊、鸡、犬、豕、日、月、水、火等象形字，这些字字义没有变化，所以它们的字义也很容易知道。但这类字在汉字中是比较少的。汉字大多数都不止一种字义，这类字要知道它的本义，就必须进行研究了。当然，我们有说文尔雅和其他字典、辞典及训诂的书可以查阅，从而知道一个字是什么意思。但这些文字，训诂书所训释的字义并非都是本义，有的是引申义或假借义，还有的是曲解的字义。我们全凭文字训诂的书来研究汉字的本义是不行的。这最好是从甲骨文和语言中去研究。甲骨文是我们今天所见到的最早的汉字，它的字形都是表示造字时的词意，从甲骨文最能求得文字的本义。但单看甲骨文的字形也不行，还必须要看它在卜辞中的用法，也即在语句中是什么意思。如它在语句中意思和字形所表达的意思相符合，则就是它的本义。这里举两个例子来说。

『獸』字甲骨文作『』『』『』『』等形。说文：『獸，守备者，从兽从犬。』『獸』字此义古书不见，字形也说不通。『獸』通常都义为禽兽之兽。这个字在卜辞里多作动词用，作为名词，义都不合，字形也说不过去，所以这个字不能解释为禽兽之兽。按『獸』字与『狩』通用，如诗车攻：『搏獸于敖。』后汉书安帝纪注引作『搏狩于敖。』『狩』也为『獸』。说文：『狩，犬田也。』据此，『獸』义也当为狩猎。卜辞：『贞，王往⿰干犬。』（续三·四〇·一）『辛亥卜，㱿贞，王勿往出⿰干犬。』（七丁一四）『王⿰干犬于义。』（前一·四四·七）『⿰干犬』义都为狩猎，与『狩』相同。『干』是兵器，『犬』是田猎时用以寻找和追逐野兽的，『⿰干犬』很显然当是表示用干和携带猎犬去田猎。『獸』字本义当是田猎，其义为禽兽则是引申。即田猎是为捕获野兽，所以所猎捕的野兽也称为兽。『獸』字当是由『戰』演变的，『狩』字则是后世造的形声字。

说文：

『劦，同力也，从三力。山海经曰：「惟号之山，其风若劦。」』

『恊，同心之和，从劦从心。』

『勰，同思之和，从劦从思。』

『協，众之同和，从劦从十。叶，古文協，从日十。叶或从口。』

『劦』字甲骨文作『[illegible]』，从三力，或作『[illegible]』，从『劦』从『口』。卜辞有云：『王大令众人日[illegible]田，其受年。』（续二·二八·五）『劦』字的本义显是许多人在一起种田，其义为合力及和都是引申的。『恊』『勰』『協』乃是后世增加不同的义旁。『[illegible]』甲骨文有作『[illegible]』者，『叶』和『叶』都是『[illegible]』字演变的。这几个字徐铉本总注云：『文一，重文。』徐铉盖认为『恊』『勰』『協』『叶』『叶』都是『劦』的异体字。

『惟号之山，其风若劦。』『劦』是个比喻词，这当是说其风力之大像许多人合力一样，即风力大之意。『劦』今本山海经作『飈』。郭璞注云：『飈，急风皃也。』说文没有『飈』字，这当是后世加『风』旁而成的。郭注也未得其究竟。

总之，汉字的演变发展是有规律的，字义的演变发展也是有规律的。文字学应就是要研究这些规律，找出规律以后，再运用这些规律研究个别的单字。对每个单字作历史的研究，也找出其演变的过程，这样，对一个字的形和义就可以更清楚地了解。

中国文字发展述略

过去认为中国文字学是一门重要的学问，不少人致力于文字学的研究，尤其清代以来，对这门学问更为重视。清代最著名的『汉学』，实际上就是文字学。他们研究说文 尔雅 广雅以及古音无不是和文字学有关。清代嘉、道以后，研究金文的风气逐渐兴盛起来，及至甲骨文发现以后，研究金文和甲骨文的古文字学又成为一种新的为文字学者和历史学者所重视的学问。

研究中国文字学，究竟研究什么？用什么方法进行研究？任何一种科学总有这种科学的理论，我们用这种理论来指导研究。中国文字学有没有这样的理论呢？我看还是没有的。

过去研究中国文字学有几种情况：多是研究六书，即讨论什么是象形，什么是指事，什么是会意，什么是形声，什么是转注，什么是假借；研究字形的则讨论一个字大篆怎样、籀文怎样、小篆怎样、隶书怎样，或者正书怎样、俗书怎样；研究尔雅 说文的则注释字义；研究音韵的则讨论古音分多少部，哪个字古属哪一部。这些研究方法都是一个字一个字地研究，把每一个字都看成是孤立的、静止不变的，甚至说说文所收的字自从仓颉造字以来就是这样的。近代金文和甲骨文之学兴盛以来，学者们研究金文和甲骨文的方法也仍旧一样，他们也都只是研究个别的字。这种研究方法实都是形而上学的方法。用这种方法来研究中国文字学，自然不能得出正确的理论。

辩证唯物主义告诉我们，事物都是发展的，而且是有一定规律的。科学的研究就是要把事物发展的客观规律寻找出来。中国文字自也不能例外，它也必定是发展的，也有其发展的规律。我们研究中国文字学应该研究中国文字的发展，找出它的规律，这样才能得出中国文字学的理论。有了这个理论，我们才能把握过去三千多年来中国文字的发展，然后对中国文字学上的问题才能得到比较正确的解释，对甲骨文和金文的研究才能比较顺利地进行。

对中国文字从发展上作历史的研究，过去确实也不容易做到，因为客观条件和思想影响导致不可能做到这一点。

过去研究中国文字都以说文为主。说文是我国最早的一部文字学的书。学者们认为说文所收的字都是仓颉造的，都是正确的，说文对文字字义的解释都是文字的本义，是不可更易的。过去学者研究字义都以尔雅为主，把尔雅的训释奉为圭臬。说文解释字形，把文字分属于六书，用字义解释字形，或用字形解释字义，使形义相应，说明最初造字之意。说文所收的字以小篆为主，小篆已不是最初造字时的字形，而是已经过长时期演变之后的字形，根据这种字形来解释最初的字义显然是缘木求鱼，得不到正确的解释。文字学是有阶级性的，文字学者必定要受他们生活时代统治阶级主要思想的影响。说文的作者许慎是东汉时代的人，当时儒家学说兴盛，儒家思想是封建地主阶级的统治思想，同时，当时阴阳五行以及谶纬之说也盛行，也是封建地主阶级用来统治人民的思想。许慎生活在这样的环境中，自然不能违背这些思想。他所说的字义多以儒家经典里的字义为准，同时，又以阴阳五行之说解释文字（或者用引申义），这我们只要稍阅读说文就可以很容易地看到。这种儒家经典里的文字的字义有许多不是始义而只是引申义，以这样的引申义解释已经改变了的小篆字形，自然得不到正确的解释，以阴阳五行之说解释文字则更必定是歪曲。

正确研究中国文字的发展只有今天才有可能，因为只有今天才具备这种条件。首先是发现了甲骨文。甲骨文是我们所见到的中国最早的文字，它即使不是我国文字开始创造时的文字，也距离我国文字开始创造时不远。我国文字创造时的构意，也就是本义，从甲骨文是可以看到和推测到的。有了甲骨文，从甲骨文到金文到小篆，其间的演变与发展，我们就可以研究。更重要的是，我们今天有了辩证唯物主义和历史唯物主义理论武器。有了理论，我们就有了正确的观点和方法，就能摆脱旧时封建地主阶级文字学的错误，从而正确地从事研究。

一　中国文字字形的演变

研究文字首先是研究字形。研究中国文字的发展就是研究中国文字字形的演变，通过字形的演变研究中国文字发展的情况，看看有哪些规律可寻。所谓文字的演变不是指从古文到小篆到隶书到楷书这种字体的演变，而是指文字偏旁结构的演变。中国文字除了一些象形字、指事字和独体字以外，大多数会意字和形声字都是由两个或三个字相合成的。会意字是用两个或三个字合起来表示字义，形声字则一部分表义、一部分表声。在中国文字的发展中，一个字偏旁往往有所改变，这样，就形成不同的字形。同时，在传写的时候，也往往改变偏旁。我国文字的孳乳，有许多就是这样来的。这种偏旁的改变是否有一定的规律可寻呢？我们认为应该是有的。我们把中国文字偏旁的演变归纳起来，中国文字字形演变的规律也就可以看出来了。

（一）从说文重文看中国文字演变的规律

这里，我想先从说文重文说起。说文列举了许多重文。所谓重文实就是异体字，这些字声义完全相同，只是偏旁不同，字形不同。

①增加义旁，如：

鬲 㼣；巩 𢀜；厷 肱；叜 傁；蒦 彠

②声旁相同，义旁不同，如：

玩 貦；茑 樢；茵 鞇；唾 涶；哲 悊；啧 謮；吟 訡；呦 𣢕；起 𨑩；返 𢓜；遴 僯；徯 蹊；詠 咏；讶 迓；谐 喈；誖 悖；剫 𢿱；歾 朽；膀 髈

③义旁相同，声旁不同，如：

祺 禥（籀）；祀 禩；祡 𥛚（古）；鬃 祊；社 𥙑；瓊 璚 瓗；瓗 琁；球 璆；

瑧堪；璊玧；琨瓘；茚蘐；蕙蕿萱；菅芎；蘦菡；蔹蘞；蔆蘧；芰
芧；莿荚；菽蕐；蕲蘄；菹蘫䀇；藤蒢；藻藻；番蹞（籀）；牠犢（籀）；
噍嚼；喟嘳；嘒嚖；岂豎；迹蹟速（籀）；述遂；遲迟遅（籀）；達达；
逋逋（籀）；迺逎；逖逿（古）；復衲；齰齚；蹶躝；跀趴；踢𧿹；谮谵；
诟诌；谶谌；谔谤；诃说；谯诮（古）；诎诎；谰调；诟询；鞀鞉鼗磬
（籀）；靦鞔；彗䨜篲；旬眴；瞋䁆；眚眣；矑膚（籀）；肌臆；肸肢；臄
肶；胃脺；膫膋；腴膞；剈劓；觵觥（说文：『俗觵从光。』）；觶觗觚；簬簵
（古）；篪篆（古）；篚篓；盎盇；峪盬；餑饙餴；饎飤糦；饔饌；餿餳；
飽餢（古）；麩麱；梅楳；梓梓；杶櫄；樗檴；楮柠；松窠；栞栞；植
櫂；相椩；柄棅；櫓櫓；麓菉（古）；囮圝；暱昵；旞旝；旆旛；稽穋；
𥣬粢；秦𥞫（籀）；秔稉；糂糣糝；氣槩餼；𩙪䬃；宇寓；船躬；罶
罬；罦罬；罝罝罽（籀）；帥帨；幒帪；衫裖；衷褻（古）；褎袖；嬴裸；
視眎眂；鬋髲；彪魅；㝹差；诱诵；确毂；貌貌；麐麃；鏖麔；猵
獱；羆夔；爟烜；赪赬赪；浡沄；竢圯；䍠䍠；忞愍（古）；愬寒；惕
愆；悑怖；惛涽；漉渌；澣浣；䑸凌；霰霓；鰋鯿；魴鰟；鰻鰋；鱷鯨；
聵聾；捦撵；拼撜；拓摭；搯抽搊；驰驰；缊缊；纊絖；蠙蚓；蟹蚼；

螭 蜾；蜩 蚺；蜦 蜈；蠵 蝮；螽 蝝；蠠 蜜；蟁 蟁 蚊；蠹 蜉；蠭 螽 蜂；墣 圤；甥 甥（古）；鏶 鍓；鉶 鋙；鈞 鋆（古）；鐘 銿；鏦 鐰；軨 轜；輗 𨋩 棿；醻 酬；醵 酤

④义旁、声旁都不同，如：

禂 禱；玭 蠙；毒 蓟；葩 𦼹；吻 脗；嗌 茓（古）；唐 啺（古）；逶 蝸；谷 啣 臄；酺 釜；鬻 銜 釬 鍵；鬻 餗；獻 褻；雇 鶚 鳸（籀）；舊 鵂；膺 熼；篗 䚢；篽 叙；巨 榘；盥 臐；音 歆；鬵 秬；𪓊 顜 摯；茉 鈣；雩 琴；稃 粰；舀 抗；寏 院；帷 匯（古）；傀 瓌；𡲑 脾 臂；旡 簪；頻 俛；然 蘸；捧 拜；坻 汦 渚；圯 醁；斲 斵；斷 㫁（古） 𠠧（古）；叀 轊；轙 钀；馗 逵

⑤增加义旁或声旁，如：

𡴭 𡵒；蕁 䕭；氽 𣝗；𦥙 嬰；巩 𢀜；厷 肱；彗 篲 𥳐（古）；蒦 彠；叡 壑；粤 㘸；冂 同 坰；㐭 廩；休 庥；宛 惌；居 踞；方 汸；皃 貌 𩑈；匈 胷；亢 頏；乙 鳦；户 床；闌 𡐰；臣 頤；乂 刈；或 域；匧 篋；匡 筐；它 蛇；圭 珪；矛 𢦅

⑥减省笔画或偏旁，如：

瑁 玥；薇 𧀂（籀）；蘜 菊；菑 甾；蒸 烝；蓬 𦺇（籀）；薅 蓐 茠（蓐省寸，茠改换声旁）；蘖 㡿；歸 帰（籀）；邁 邁；𨓭 送；得 㝵；䍐 買；讇 諂；讄 課；鬻 鬻；鬻 鬻 羹；䦨 闌；夅 全；雧 集；籱 籗；𥫱 互；箕 其（古）；柦 亘；壘 星；曟 晨；秫 朮；𥷚 鞠；竈 竃；瘚 欮；歎 歎；髮 髪；𩺰 渔；復 匔；嵏 峻；廌 廌；灋 法；雥 焦；䉞 𥳑；懋 忞；憜 惰 媠；淵 𣶒；蜙 蚣

⑦象形字和会意字改用形声字，如：

珏 瑴；蕢 臾；𡿨 𠦜；㕯 瓻 甈（瓻加瓦为义旁，甈则为形声字）；彝 䵉；刅 創；舛 躇；采 穗；舀 抭；吕 膂；市 韍；㐱 鬒；粵 㪍；囟 膟；凷 塊；内 蹂

这些重文都是在中国文字演变中形成的。从这些重文我们可以看出，中国文字字形是可以变的。一个字可以增加或减省或改换义旁，可以有不同的义旁，可以增加或改换声旁，可以创造新字代替旧字。

（二）甲骨文和金文的字形演变

上面我们只就说文的重文看中国文字演变的情况，现在我们再就甲骨文和金文来看中国文字的演变。甲骨文和金文的演变也有几种类型，兹略举几个例子。

1. 增加义旁

且、沮、祖。『祖』字甲骨文作『且』，或作『沮』或『祖』，金文作『且』或『祖』。

巳、祀。『祀』字甲骨文作『巳』或『祀』，金文也作『巳』或『祀』。

卯、御、迎、禦。『御』及『禦』字，甲骨文初只作『卯』，从『午』从『卩』，后又作『御』，金文作『迎』或『禦』。

往、生、徃。『往』字甲骨文作『生』，金文作『徃』。

正、征、延。『正』字甲骨文作『正』及『征』，金文作『正』『征』或『延』。

从、彸、從。『从』字甲骨文作『从』或『彸』，金文作『从』『彸』或『從』。

皀、追。『追』字甲骨文作『皀』，金文作『追』。

⿱豕止、逐。『逐』字甲骨文作『⿱豕止』，金文作『逐』。

宆、定、賓。『賓』字甲骨文作『宆』或『定』，金文作『宆』或『賓』。

其、⿰其凡、⿱其女。『其』字甲骨文作『⊠』，金文作（原文缺失）『⿰其凡』或『⿱其女』。

豊、醴。『醴』甲骨文作『豊』，金文作『醴』。

也、匜、⿱也皿、鉇、⿰金⿱也皿。『匜』字金文作『也』『⿱也皿』『鉇』『⿰金⿱也皿』。

壴、壴、⿰金壴、⿰壴殳。『壴』字甲骨文作『壴』，金文作『壴』『⿰金壴』或『⿰壴殳』。

2.增加声旁

𠩺、⿱𠩺又、釐。『𠩺』和『⿱𠩺又』『釐』，说文分为三字，金文三字义相同，应是一字。此字甲骨文作『𠩺』及『⿱𠩺又』，金文作『𠩺』『⿱𠩺又』『釐』。『釐』则显是以『里』表声，或又作『⿱𠩺貝』，则以

『貝』表义，或又作『[illegible]』，则为『釐』之省变。

从这种情况看，甲骨文和金文的演变和说文重文一样。可知从甲骨文起，就可以增加偏旁。这种偏旁的增加、减省、改换或创造新字代替旧字，实就是中国文字演变发展的主要方式。这里列举的甲骨文、金文和说文重文只是简单的偏旁增省和改换。在我国文字演变中，有的字不只是增偏旁或变一种形式而已，它们可以有两种或三种形式。例如，上面所列举的『鬲』『䰛』和『㽁』字。『鬲』本是个象形字，后加『瓦』旁以表义，表明它是瓦器，后又改用『厤』以表声，这就是先加义旁后又改换声旁了。

（三）形声字的形成

形声是六书之一。过去学者都认为形声是我国文字创造的一种方法。中国文字的孳乳也都依靠形声。说文序：『仓颉之初作书，盖依类象形，故谓之文。其后形声相益，即谓之字。文者物象之本，字者言孳乳而浸多也。』形声确实是我国文字创造的一种方法。这种方法运用得相当早。甲骨文已有形声字。后世有许多字都是用『形声相益』的方法创造出来的。它是我国文字发展的一个重要法则。文字学者都认为所有形声字都是这样用『形声相益』的方法创造的，这是不正确的。我们今天所见到的形声字，诚然有不少是用『形声相益』的方法创造的，但有很多却不是。它们都是在发展演变中形成的，也就是增加或改换偏旁形成的。在中国文字中，不论是象形字、会意字还是假借字都可以增加义旁或声旁。偏旁增加以后，原来的字便成为声旁或义旁，这样从字形上看起来就成为形声字。严格地说，这类字实不能称为形声字。

现在我们举几个例子来看。

说文：『网，庖牺所结绳以渔。从冂，下象网交文。』这个字甲骨文也作『』，象网的形状，这必是『網』字的初文。此字说文作『罔』，古代文献里也都作『罔』，这显然是加『亡』表声的。说文重文又作『網』，这显然是加『糸』旁表义的。『罔』和『網』从字形看，乃是形声字。

说文：『神，从示申。』按金文『神』字初只作『申』，后加『示』旁表义，作『神』。说文：『申，神也。』『申』就是『神』字。考『申』字本义实为电。说文『虹』字重文『蚒』，云：『蚒，籀文虹，从申。申，电也。』『申』字甲骨文和金文都作『』，实象闪电的形状。『申』原是电，其义又为神，盖因为雷电在自然现象中显得最有威力，最令人畏惧。古人对这种现象不能理解，以为是神。『申』是象形字，后以为是神，加『示』以表义，便成为形声字。

说文：『祖，从示且声。』甲骨文『祖』字作『且』，盖是象木祖之形，后加『示』旁以表义，便成为形声字。

说文：『禘，谛祭也。从示帝声。』甲骨文『禘』字作『帝』，是假借字，『禘』是后世加『示』旁的。

说文：“禦，祀也。从示御声。”“禦”字甲骨文初只作“𠨰”，其本义是什么，还难确知。学者或以为禦马，是不正确的。在卜辞里，用为祭名，是假借字。因为用为祭名，所以后又加“示”旁，便成为形声字。或又加“彳”旁，则为“御”，也有加“辵”旁作“𨓚”的，和加“彳”旁一样。因为“御”和“禦”原是一个字，所以后世多通用。

说文：“遘，遇也。从辵冓声。”按卜辞，遘遇之遘初都只用“冓”字，是个假借字。“彳”旁“𢓜”或“辵”旁“遘”，显是加“彳”旁或“辵”旁形成的。说文又有“覯”字，云：“覯，遇见也。从见冓声。”“遘”“覯”义相同，应是一个字。“覯”字从“见”，乃是因为其有遇见之义，加“见”以表义。“遘”字或又作“逅”，诗云：“邂逅相遇。”“逅”盖是以“后”代“冓”为声旁的。易姤卦，释文云：“薛云：‘古文作遘。’”这又以“姤”代替“逅”了。

说文：“媾，重婚也。从女冓声。”按金文，婚媾之媾都用“冓”或“遘”，初也是假借字，后世加“女”旁，乃以之表义。𠩺叔多父盘：“朋友兄弟诸子婚冓无不喜。”克盨：“用献于师尹朋友婚遘。”“媾”初也是假借“冓”字，后世加“女”旁表义，遂成为形声字。

说文：“邁，远行也。从辵萬声。”重文“𨘳”。“萬”乃是“蠆”字的初字，原是个象形字。卜辞假用为数字之“萬”。金文增加偏旁，作“㒖”“邁”“𡐦”“厲”等形。“邁”字乃是“萬”加“辵”形成的。“邁”义为远行，则又是另一假借。

『鄉』字甲骨文作『』，是象两个人对食之形。其义必是饗燕，即『饗』字的初文，后世加『食』以表义，遂为『饗』字。说文：『饗，鄉人饮酒也。从食从鄉，鄉亦声。』这是不正确的。这乃是以儒家之说解释『饗』字的字义。『鄉亦声』也不正确。说文凡语『从某从某，某亦声』者，大多其字就是本字，后又加义旁而已。如『禮』字『从示从豊，豊亦声』，甲骨文和金文『禮』字都只作『豊』，后加『示』旁为『禮』。

『鄉』又假用为方向之向。戠殷：『穆公入，右戠立中廷，北鄉。』休盘：『益公右走马休入门立中廷，北鄉。』僖公三十三年左传：『秦伯素服郊迎，鄉师而哭。』后又加『向』作『嚮』。诗庭燎：『夜如何，夜鄉晨。』释文：『字又作嚮。』隐公六年左传：『如火之燎于原，不可鄉迩。』释文：『鄉本义作嚮。』汉书公孙弘卜式倪宽传：『群士慕嚮。』后世又省为『向』。

『鄉』字又用为『響』。汉书天文志：『犹景之象形，鄉之应声。』汉书董仲舒传：『如景鄉之应形声。』说文：『響，声也，从音鄉声。』『響』显是『鄉』加『音』以表义的。

『鄉』又用为『曏』字。说文：『曏，不久也，从日鄉声。』『曏』义乃为前不久。庄公三十二年左传：『鄉者牙曰庆父材。』荀子儒效篇：『鄉也，混然涂之人也。曏也，效门室之辨，混然曾不能决也。』『鄉』用为『曏』，『鄉』是假借，『曏』乃是加『日』旁以表义。

说文：『䜌，乱也，一曰治也，一曰不绝也。从言丝。』在金文里，『䜌』假用为『蠻』。虢季子白盘：『用政䜌方。』秦公簋：『虢事䜌夏。』兮甲盘：『毋敢或入䜌安贾。』『䜌』又假用为『鎣』。金文鎣旂之鎣都作䜌。又用为『欒』。铜器有䜌书缶，䜌书即晋欒书。『蠻』『鎣』『欒』显然是『䜌』加『虫』『金』和『木』成为形声字。

说文：『堇，黏土也。从土从黄。』金文『堇』假用为『瑾』。颂鼎：『反入堇（瑾）章。』又假用为『勤』。㝬钟：『王肇遹省文武，堇疆土。』毛公鼎：『𦔻堇大命。』又假用为『觐』。女雙鼎：『女雙堇于王。』可见，『瑾』『勤』『觐』都是加义旁成为形声字。

说文：『辟，法也。』在我国古代文献中『辟』用为『闢』。荀子议兵篇：『彼贵我名声，美我德行，欲为我民，故辟门除涂以迎吾入。』汉书司马相如传：『地方不过百里，而囿居九百，是草木不得垦辟，而民无所食也。』又用为『避』。僖公二十八年左传：『微楚之惠不及此，退三舍辟之。』荀子君道篇：『要此三欲，辟此三恶，果何道而便。』史记周本纪：『平王东迁于洛邑，辟戎寇。』又用为『僻』，僻远和邪僻之『僻』。荀子王霸篇：『所闻所见，诚以齐矣，则虽幽闲隐辟，百姓莫敢不敬。』汉书晁错传：『使主内亡邪辟之行，外亡骞汙之名。』又用为譬喻之『譬』。荀子王霸篇：『辟之是犹立直木而求其影之枉也。』荀子富国篇：『辟之若草木枝叶必类本。』又用为『躄』。荀子正论篇：『王梁造父者天下之善驭者也，不能以辟马毁舆致远。』杨倞云：『辟与躄同。』又用为『霹』。扬雄校猎赋：『辟历列缺，吐火施鞭。』『闢』『避』『僻』『譬』『躄』『霹』都初只假用『辟』字，后来增加不同的义旁，乃成为形声字。

假借字加偏旁成为形声字，这类情况很多，数不胜数，这里不再多举了。假借字，一个字表达几个不同的语词，于是一字数义，这样便容易混淆。为了避免这种混淆，于是各按其所假用的词义增加不同的偏旁。在我国文字发展中，这是重要的方面。我国文字许多字的增加就由此而来。假借字加偏旁和象形字或会意字加偏旁还有些不同。象形字或会意字增加偏旁，字形虽然不同了，但字义还是一样，没有改变，只是成为异体字而已。假借字增加偏旁便不一样。假借字原是一字数义，也就是字义原就不同，增加了偏旁之后，形、义都不相同，便成为不同的字。这样，文字的数目也就增加了。

二　论假借

假借在中国文字的应用中是个重要的方面。假借应用很早，在卜辞中就有不少的假借字。文字是语言的符号，依理，语言中每一个词都应该有一个字来表示。但事实上，在文字创造时，这一点是做不到的。尤其中国文字用象形、会意、形声这样的造字方法不易做到。因为有许多抽象和无形的东西是无法用字形表示的。这样的东西只能假借同声音的字来表达。例如，颜色红、绿、蓝、黄、黑、白等都是无形的东西，就不可能用字形来表示。又如我国语言中有许多语助词，几乎没有真实的词义可言，也绝不可能用字形来表示，这类词非用假借字不可。社会是不断进步的，语言中的词汇也随之日益增多。这些新的词汇不可能都创造新字来表示，有许多也只有用假借字。所以假借用得很多。

但什么是假借呢？怎样假借呢？我觉得过去的文字学者似都没有作过深入的研究。最早给假借下定义的是许慎。说文序：『假借者，本无其字，依声托事，令长是也。』这句话是什么意思呢？『依声托事』应怎样解释呢？若照许慎所举的『令』『长』两个字来讲，则假借乃是引申。说文又有『革』『朋』『來』『韋』『能』『州』『西』『子』等字。说文对这些字的注释，清代段玉裁和朱骏声都认为是许慎阐明假借之法的。

『革，兽皮治去其毛，革更之。』

『朋，凤飞群鸟从以万数，故以为朋党字。』

『來，周所受瑞麥來麰。一來二缝，象芒朿之形。天所來也，故为行來之來。』

『韋，相背也。从舛囗声。兽皮之韋可以束枉戾相韋背，故借以为皮韋。』

『能，熊属，足似鹿。从肉㠯声。能兽坚中，故称贤能；而强壮，称能杰也。』

『州，水中可居者曰州。水匌绕其旁，从重川。昔尧遭洪水，民居水中高土，故曰九州。』

『西，鸟在巢上，象形。日在西方而鸟栖，故因以为东西之西。』

『子，十一月，阳气动，万物滋，入以为称。』

说文对这几个字的解释是否正确是另外的问题。若以这些字为例来说明假借，则更是证许慎所说的假借确是引申。许慎这种说法显然是不正确的。假借都为假声而不是引申。

郑玄对假借也有一种解释。经典释文序引郑玄云：『其始书之也，仓卒无其字，或以音类比方，假借为之，趣于近之而已。受之者非一邦之人，人用其乡。同言异字，同字异言，于兹遂生矣。』郑玄盖认为假借只是假声，不过由于各地的方言不同，语音不同，所假用的字也就有所不同。郑玄说假借是假声是对的。

但照郑玄的意思来看，假借初也没有一定的法则，只是仓猝之间用个同音的字而已。换句话说，它只是随便用的。这恐是不正确的，因为事实上我们看到的情况不是如此，许多假借字假用以后就固定下来，而且大家都同样地用它，所以绝不是随便用的。郑玄所说『受之者非一邦之人，人用其乡。同言异字，同字异言，于兹遂生矣』，这似又说假借是起于方言的不同。这也不完全正确。假借确有一部分是由于方言不同而用字不同。例如，通假，几个字可以通用，有一部分是起于方言，但不能说假借都起于方言之不同，即通假也不完全是由于方言的不同。

清代文字学者都很注意假借，像段玉裁、王念孙、王引之、郝懿行、朱骏声等都极力地研究假借。他们的学说可以说就是发明假借的道理，他们的理论就建立在假说上，但他们所阐发的主要是通假。他们创立了许多学说，一百多年来，几乎支配着文字训诂音韵学的研究，研究文字、训诂的学者几无不受他们的影响，把他们的学说奉为指导的理论。近代研究甲骨文和金文的也多用他们的学说指导自己的研究。

段玉裁、王念孙等的学说是否正确？我们觉得实不无可疑。他们主张『就古音以求古义』，认为『凡声同之字古多通用』。（郝懿行尔雅义疏）这种说法，我们认为实是错误的。假借字必须字音相同或相近，这是不错的，但不能说字音相同或相近者便都可以通用。『中』『躬』『宫』『东』，照段玉裁的古音分部，都在第九部，我们从不见这四个字通用过。他们只是简单地从音韵上讲假借。他们看到古代书籍许多假借字古音都同部，便以为古音同部的字都可以通用。他们这种学说产生了很坏的影响，即许多人乱用假借。我们经常听到人说，古代文字字音相同就可以通用。研究甲骨文和金文的人动辄便说某字与某字古音同在某部，可以通用，或者说『以声类求之』，某字当读为某字。通假几乎成为了救命仙丹，只要有解释不通的地方就以通假来救急，在古文字学上造成许多混乱，使古文字学陷在唯心主义、形而上学的方法论之中，阻碍了古文字的研究。

我们认为对于假借必须要具体分析。假借有两种情况，一种是一个字改假借之后就固定下来，以后没有改变；一种是两个字或三个字可以通用。前一种是没有什么问题的，复杂的、成问题的是后一种。我们研究假借实际上主要是研究后一种。

我们觉得要研究通假，必先要弄清楚什么是通假。过去学者对于这一点似都没有注意，没有明确地说，只是说声音相同的字古代通用而已。这样的说法是含糊不清的、不正确的。所谓通假实是这样，即在语言里一个词假用两个或两个以上音同形不同的字来表达，这几个字称为通用或称通假。但是我们必须要注意，这几个字只有在表示这个词的时候才通用，在其他地方便不通用。试举个例子来说。『佯』这个字在古代文献中假用『詳』字。史记楚世家：『张仪至秦，詳醉坠车，称病不出三月。』或又假用『陽』字。汉书田儋传：『田儋陽为缚其奴。』『詳』和『陽』通用。但『詳』和『陽』只有表示『佯』这个字的时候才通用，太陽、阴陽便不能用『詳』，詳考、詳细便不能用『陽』，也就是二字不能通用。所以通假是有一定范围的，并不是只要声音相同便到处可以通用。所以『凡声同之字古多通用』这种提法，不仅是不合理的，也是不符合事实的。

我们认为通假不能只从声音上去看，而应该从语言中的词来考察。通假是语言中的一个词用两个或两个以上的字来表示。我们应该要研究这几个字是什么字，在什么情况下用这几个字。过去所谓的通假是有各种不同情形的，有很多字过去认为是通假的，实际上并不是通假。

古代作文用字，有时代不同用字不同的情况。如馈送、馈赠字，古都假用『归』字。论语：『归孔子豚。』墨子亲士篇：『归国宝不若献而进士。』隐公元年左传：『秋七月，天王使宰咺来归惠公仲子之赗。』貉子卣：『王令士道归貉子鹿三。』而后世多用『馈』或『餽』。希冀字古多假用『幾』字。如汉书杜钦传：『幾获大利。』隽不疑传：『幾得以富贵。』汉书李寻传：『幾其有益。』师丹传：『幾君省过求己。』颜师古并谓『幾读曰冀』。这一类的字都是假借字，共同表达一个词，但不能说这两个字音同可以通用，更不能根据这类的字便说同音字可以通用。因为这乃是在不同的时代用不同的字，并不是在同一时代既可用这个字又可通那个字。

在我国文字中，有许多字由于在发展演变中增省偏旁，或由于传写增省偏旁，形成不同的字形，还有许多字从同一个字源孳乳为不同的字，这类字往往通用。过去也都以为是通假，实际上这也不是通假，因为一些字虽然增加了不同的偏旁或减省偏旁，字形不同，但仍旧是一个字。由同一个字源孳乳出来的字也是增加不同的偏旁或减省偏旁形成不同的字形，只是由于引申或假借致字义各有不同。在字义上是不同的字，在字形上也还是一个字，因此在使用的时候往往不加区别。现在我们略举几个例子来说一说。

「从」和「從」。朱骏声说文通训定声云：「「从，相听也。从二人，会意……假借为從。」周礼司仪：「客從拜辱于朝。從，随行也。从辵从从，会意……假借为从。」洪范：「后又龟從筮后。」」按「从」甲骨文作「从」或「徔」，金文作「𣥒」或「從」，「從」字只是「从」加「辵」旁而已，二字原就是一个字，这两个字通用，怎么是假借呢？

「有」和「又」。王念孙、王引之都说：「古字有与又通。」王念孙读书杂志云：「凡经传又字多作有……」楚世家：「处既形便，势有地利。」有亦读为又，又与现文义相承。又乐毅传：「恐伤先王之明，有害足下之义。」有亦读为又……此例很多。荀子性恶篇：「今诚以人之性固正理平治邪？则有恶用圣王、恶用礼义矣哉？」又：「今将以礼义积伪为人之性邪？然则有曷贵尧禹、曷贵君子矣哉？」正名篇：「有尝观其隐而难其察者。」杨倞都说：「有读为又。」「有」和「又」实是一个字，并不是假借。有无之「有」，在武丁时代的卜辞里都作「㞢」，这个字造字的构意是什么已不知道。到祖甲时代，有无之「有」假用「又」。「惠翊日戊，又大雨』（粹六七六）、『惠辛又大雨』（粹六七六），『又』都读为『有』。及至西周，金文『又』字加『月』作『有』。在铜器铭辞里还多用『又』为『有』。『有』和『又』原就是一个字，自然可以通用，无所谓假借。右相之『右』，金文也用『又』和『有』。蠡尊：『穆公又蠡立中廷。』免簋：『井叔有免即令。』这也是因为『又』『有』和『右』即一字。

古代文献佑助之『佑』和福祐之『祐』都用『右』。诗大雅：『保右尔命，燮伐大商。』释文：『音佑，助也。字亦作佑。』我将：『维天其右之。』释文：『本亦作佑。』汉书韦玄成传：『左右昭宣。』谷永传：『福瑞并降，以昭保右。』师古并云：『右读曰佑。』汉书李寻传：『盖皇天所以笃右陛下也。』崔方进传：『是天反复右我汉国也。』师古并云：『右读曰祐。』这也都是由『又』演变的。卜辞用『又』为『祐』。卜辞皆见『爱出又』。『又』即『祐』。『又』原就是『右』字的初字，换句话说，『又』字后加『口』乃成为『右』。后世又加『人』旁或『示』旁，乃成为『佑』或『祐』。说文：『祐，助也』『右，助也』。汉书石显传：『元帝晚节寝疾，定陶恭王爱幸，显拥祐太子，颇有功。』『祐』也当读为『佑』。『右』『祐』义同，可以通用，也即一个字。后世把人助和神助分开，乃一加『人』旁，一加『示』旁。

『正』『政』『征』三个字可以通用。王念孙和王引之也以为是假借，这实也是字形演变的缘故。这三个字原是一个字。『政』字古代初只用『正』。诗正月：『今兹之正，胡然厉矣。』传云：『正，政也。』文公四年左传：『曹伯如晋会正。』杜预云：『会受贡赋之政。』汉书武五子传：『扬州保疆，三代要服，不及以正。』师古云：『正，政也。』战国策秦策：『臣闻明主莅正。』史记范雎列传：『政，秦始皇名「正」。』史记秦始皇本纪集解：『徐广曰：「一作正。」宋忠云，以正月旦生，故名正。』『正』和『政』实为一个字。『正』字加『攴』旁，孳乳为『政』。

『政』可用为征伐之『征』。逸周书度邑篇：『力争则力政，力政则无让。』大武篇：『武有七制，政、攻、侵、伐、陈、战、斗。』王念孙并谓：『政假为征。』这也是文字演变而不是假借。『政』和『征』实也是一个字。征伐之『征』，卜辞、金文都假用『正』。如卜辞：『正人方』『正盂方白』。师寰簋：『今余肇令女逹帀（师），㠱𠭯僰屃左右虎臣正淮尸。』后加『彳』旁作『征』。『政』和『征』原即一字，自然通用，无所谓假借。

像这一类的字很多，不胜枚举。清代学者所谓的通假绝大多数都是这一类的字。实际上，这类字根本就不是通假。

总之，我们认为清代以来汉学家所谓通假的学说是难以成立的。语言里的一个词用两个或两个以上字形不同的字来表达，是由不同的情况形成的。有的是因为仓猝之间写别字，有的是因为时代不同用字不同，有的是由于文字发展演变形成不同的字形，绝不是简单的由于声音相同就可以通用。

清代段玉裁、王念孙除了创同声就可以通用之说以外，又创为就古音以求古义、音同义同、音近义近之说。这也是错误的。文字是语言的符号，语言是有声音的，但是语言不仅仅是声音，更重要的是语言有词义。文字是语言的符号，主要是要表达出语言的词义。任何文字都是要表达词义的，世界上有许多民族的文字后来经发展虽然变为拼音字，但它最初创造的时候必定是表义的。我们中国的文字更明显是表义的。我国文字中的象形字、指事字、会意字都是表义字，若如段玉裁、王念孙等之说，『文字起于声音，就古音以求古义』『不限形体』，那字形便毫无作用，也毫无意义，还有什么象形、指事、会意、形声、转注呢？段、王等之说之不可信，显然可见。

他们说音同义同、音近义近，实在是可笑的。所谓音同义同、音近义近，实际上乃是语言里的同一个词，在文字上也就是同一个字，不过在文字发展中增加了不同的偏旁形成不同的字形。换句话说，它们实都是重文，都是异体字而已。

我们试举两个例子来说。

『濃』『襛』『醲』，这是人们最经常举的音同义同的例证。说文『濃』字，段玉裁注云：『小雅蓼萧传曰：「濃濃，厚貌。」按酉部曰：「醲，厚酒也。」衣部曰：「襛，衣厚皃。」凡農声字，皆训厚。』此外还有『農』和『膿』也都训厚。尚书洪范：『農有八政。』伪孔传云：『農，厚也。』枚乘七发：『甘脆肥膿。』李善注云：『膿，厚之谓也。』我们认为这并不是什么音同义同，而实只是同一个词。这就是在语言里谓厚为濃，不论是露厚、衣厚、酒厚、肉味厚都说是濃。『濃』这个词是抽象的、无形的，不能用字形来表达，没有本字，只能假借同音的字。起初假用『農』，后来因为用在不同的地方，又加上不同的偏旁。露水厚，加上『水』旁；衣服厚，加上『衣』旁；酒厚，加上『酉』旁；肉味厚，加上『肉』旁，于是便形成不同的字。

又如『康』『漮』『㱂』『㝩』等字。说文『漮』字，段玉裁注云：『释诂曰：「漮，虚也。」虚，师古引作空。康者，谷皮中空之谓。故从康之字皆训为虚。㱂下曰：「饥虚也。」㝩下曰：「屋㝩㝗也。」诗：「酌彼康爵。」笺云：「康，虚也。」方言曰：「㝩，空也。」长门赋：「槺梁，虚梁也。」急就篇颜注曰：「䡉谓舆中空处所用载物也。」』『康』『漮』『㱂』『㝩』『䡉』在语言里实也就是同一个词。在语言里谓空为康。『康』字的本义为空，后人因用在不同的地方增加不同的偏旁，便成为『漮』『㱂』『㝩』『䡉』等字，实际上这几个字就是同一个字。

宋代王圣美有『右文说』，认为文字凡右文相同者，义便相同或相近。所谓右文，即形声字的声旁，形声字的声旁大多在字的右边，所以称之为右文。段玉裁和王念孙的音同义同之说基本上和王圣美是一样的。

这种音同义同之说是错误地把语言里的同一个词说成音同义同，把一个字的重文当作不同的字，这在事实上也说不过去。我国文字里有许多音同的字，字义并不相同。例如，『交』声的字，说文云：

『交，交胫也。从大，象交形。』

『这，会也。从辵交声。』

『佼，交也。从人从交。』

『绞，缢也。从交从糸。』

『狡，少狗也。从犬交声。』

『皎，月之白也。从白交声。』

『姣，好也。从女交声。』

『蛟，龙之属也。从虫交声。』

这里，除『交』『这』『佼』字义相同，典籍有时通用以外，其他字字义便都不相同。

又如『俞』声的字，说文云：

『俞，空中木为舟也。』

『瑜，瑾瑜，美玉也。从玉俞声。』

『踰，越也。从足俞声。』

『逾，越进也。从辵俞声。』

『谕，告也。从言俞声。』

『揄，引也。从手俞声。』

『渝，变污也。从水俞声。』

『愉，薄也。从心俞声。』

『瘉，病疗也。从疒俞声。』

『窬，穿木户也。从穴俞声。』

『婾，巧黠也。从女俞声。』

『輸，委輸也。从車俞声。』

这里，除『俞』和『窬』义相近、『踰』和『逾』义相同、『愉』和『婾』义相近以外，其他也不相同。而『俞』和『窬』义相近乃是引申，『踰』和『逾』义相同、『愉』和『婾』义相近则都是由于字形的演变，而不是由于声旁相同。这类例子很多，所以说音同义就相同，形声字声旁有义，是难以成立的。

段玉裁、王念孙等之所以产生这样错误的理论，其根源是由于他们是从音韵学出发的。我们知道，段玉裁和王念孙最初都是研究音韵的。段玉裁先著六书音韵表，后著说文解字注。他们研究音韵，也就是研究古音，研究古音只是研究古音分部。段玉裁把古音分为十七部，王念孙把古音分为二十一部。他们看到古书里有许多同音字彼此通用，这些字大多数古音都同属一部，因此他们便认为同音字可以通假，音同义便同，字义是由声音而来，并且认为古音分部是研究文字训诂的纲领。段玉裁说：『十七部为假借、转注之维纲。学者必知十七部之分，然后可以知十七部之合。知其分知其合，然后可以尽求古经传之假借、转注而无疑义。』（六书音韵表）又说：『十七部为音韵，音韵明而六书明，六书明而古经传无不可通。玉裁之为是书，盖将使学者循是以知假借、转注而于古经传无疑义。』（寄戴东原先生书）只要掌握了古音分部就可以从声音上寻求文字的字义，不限文字的形体。王念孙说：『窃以训诂之旨本于声音，故有声同字异，声近义同。虽或类聚群分，实亦同条共贯……今则就古音以求古义，引申触类，不限形体。』

这种说法显然完全是形而上学的。我们说，段、王等通假之说所根据的那些字绝大多数是错误的，即单从逻辑上讲，他们这种说法也是站不住脚的。假借必同部，这在一定范围内是可以说得过去的，因为假借是假旁的，必定是音同或声同或声音相近，所以一定有许多字是同部的。但这不完全正确，因为假借字中有许多并不同部。段玉裁自己也说有异部假借。假借必同部，但我们不能由此便推论出同部的字便都能通用。同部的字既不都能通用，那么各有其字义，同部的字既各有其字义，那么又怎么能推论出音同义同呢？而且事实上，所有的文字本来都各有其字义。如音同义同，则所有的同音字应只有一种字义，这怎么能说得过去呢？如音同义同，如王念孙所说，『就古音以求古义』『不限形体』，那字形也不起作用了，字形既不起作用，那还有什么六书可言呢？还有什么文字呢？假借字是同部，又怎么能由此得知文字起于声音呢？段玉裁、王念孙等的理论不论从其根据还是逻辑上讲，实都不能成立。他们所以有这种错误就是由于他们只看到声音而不知道语言，在方法上只知道作简单的、不合逻辑的推论，而不是从具体的材料中归纳总结出理论。

论通假

清代戴震、段玉裁、王念孙等创为同声通假之说。在古书里有许多字可以通用。他们认为这些通用字是因为声音相同假借的。他们认为『同声之字古多通用』。（郝懿行尔雅义疏）。这种理论一百多年来成为一种居支配地位的学说，研究文字训诂者几无不把它奉为圭臬，以之为指导，近几十年来研究甲骨文和金文者也多用这种学说考释甲骨文和金文。

这个问题，我觉得，必须先要明确什么是通假。过去都认为同音字通用就是通假。这是不明确的，是含糊不清的。我认为通假应该是这样：在语言里一个词用两个或两个以上的字来表示，也即用两个或两个以上的字作为它的符号，这两个或两个以上的字称为通用，或称通假。通假既是这样，则这两个或两个以上的字只有表示这个词的时候，也即同作这个词的符号的时候才通用，在其他的地方不见得都能通用。因为假借字所用的假借义，除了假借义之外，还有它的本义或引申义。当它们各用其本义或引申义的时候便不能通用。这也就是这几个字不只是作这一个词的符号，它们还作为其他不同词的符号。作为其他词的符号时，字义便不同了，便不能通用。例如，『佯』这个词，在古书里有的假用『詳』字。史记楚世家：『张仪至秦，詳醉坠车，称病不出三月。』或又假用『陽』字。汉书田儋传：『田儋陽为缚其奴。』『詳』和『陽』

通用。但『詳』和『陽』只有作为『佯』这个词的符号的时候才通用，太陽、阴陽便不能用『詳』，详审、详细便不能用『陽』。由此可知，通假是有一定范围的，并不是只要声音相同便到处可以通用。所以不能说『凡声同之字古多通用』。

清代学者所说的通假字，有许多实际并不是假借字，其中有很多都是在文字演变中形成的异体字，或者是因时代不同用字不同，即所谓古今字。现也举几个例子来说。

尚书禹贡：『禹敷土。』史记夏本纪作『禹傅土』。王引之说：『假傅为敷。』尚书皋陶谟：『敷纳以言。』汉书成帝纪引作『傅纳以言。』尚书文侯之命：『敷闻在下。』后汉书东平宪王苍传引作『傅闻在下』。『敷』『傅』通用。

诗长发：『不刚不柔，敷政优优。』昭公二十年左传和说文引作『布政优优』。禹贡：『篠簜既敷。』史记夏本纪作『竹箭既布』。汉书陈汤传：『前至郅支城都赖水上，离城三里止营傅陈。』师古云：『傅读曰敷。敷，布也。』『敷』『傅』『布』通用。

说文：『尃，布也。』史记司马相如列传：『云尃雾散。』汉书作『云布雾散』。又『氾尃护之』，徐广云：『古布字作尃。』毛公鼎：『雩之庶出入事于外，尃命尃政。』又：『厤自今出入尃命于外。』『尃』义也显为『布』，是『尃』『布』通用。

据此，『尃』『敷』『傅』『布』义都相同，可以通用。从字形看，『尃』『敷』『傅』当是一字之变。初字为『尃』，后加不同的义旁作『敷』和『傅』。『尃』与『布』则是古今字，即『尃』

训布，后世改用『布』字。『布』后又作『佈』。『敷』『傅』通用不是假借。

说文：『賚，赐也，从贝来声。周书曰：「賚尔秬鬯。」』段玉裁云：『大雅传云：「釐，赐也。」釐者賚之假借也。』福釐之『釐』金文最早假用『孷』字。商器毓祖丁卣：『今日归福于我高□□，易孷』。周代金文加『里』表声作『釐』。秦公钟：『以受屯鲁多釐。』或又加『貝』表义作『⿱𠩺貝』。大克鼎：『易⿱𠩺貝无疆。』还有作『⿸厂⿱𠩺子』或『⿱⿰未攵里』者。加『貝』当是表示有财就是福，加『子』当是表示有子就是福。由此可知，周代人都是希望有子和发财的。『釐』和『⿱𠩺貝』显是一个字。『釐』义又为赐，⿱林大卣：『王饮西宫，登，咸釐。』『賚』显是『⿱𠩺貝』之省。『釐』和『賚』原是一个字，只是在文字演变中，偏旁的增省不同导致字形不一样，它们当然可以通用，不是假借。

朱骏声说文通训定声：『从，相听也，从二人……假借为從。』又云：『從，随行也，从辵从从，会意，假借为从。』『从』甲骨文作『⺅⺅』，象一人随另一人之形，或又加『彳』旁作『⿰彳从』。金文加『止』或『辵』作『⿱从止』及『從』。『從』只是『从』加『辵』旁而已，二字即一个字。『从』本义为随行，引申为听从。二字通用也不是假借。说文把它分为两个字，一训听从，一训随行，也是错的。

尧典：『光被四表。』汉魏人引或作『廣被四表』及『横被四表』。尔雅释言：『桄，光也。』王引之云：『光被之光作横，又作廣，字异而声义同。』又云：『光、桄、横古声同而通。』（经义述闻光被四表条）戴震、段玉裁、王引之等把这几个字当作同声通假的典型例子。

我以为这不是同声通假，而应是古今字。叔向父簋：『廣启禹身，勴于永令。』士父钟：『用廣启士父身。』襄公十年左传：『君若犹辱镇抚宋国，而以偪阳光启寡君，群臣安矣，其何贶如之？』国语郑语：『夫其子孙必光启土，不可偪也。』很明显，『光启』必就是『廣启』。由此可知，『廣』和『光』必最初是用『廣』，后改用『光』。

襄公十八年左传：『齐侯御诸平阴，堑防门而守之廣里。』『廣里』郡国志作『光里』。水经注河水：『今防门北有光里。齐侯言廣音与光同。即春秋所谓守之廣里也。』这更足以证明『廣』和『光』是前后用字不同。其之所以用『光』乃是因为齐地方言『光』与『廣』音相同而改的。

以『廣』『黄』为声旁的字又可以『光』为声旁。

觵、觥。说文『觵』字重文作『觥』。

纊、絖。说文『纊』字重文作『絖』。

潢、洸、滉。诗江汉：『武夫洸洸。』盐铁论繇役篇引作『武夫潢潢』。荀子富国篇和王霸篇：『潢然兼覆之。』杨倞并云：『潢与滉同。』

熿、晃。扬雄甘泉赋：『北熿幽都。』师古云：『熿古晃字。』

横、桄。淮南子原道训：『横四维而含阴阳。』高诱云：『横读桄车之桄。』说文：『觥，俗觵从光。』由此可知，『觵』『纊』『潢』『熿』『横』等又以『光』为声旁乃是后改的。而这种更换当是在汉代。这当是因『廣』『横』改用『光』而连带改的。尧典『光被四表』必本是『廣被四表』，后世改用『光』字，二字通用不是同声假借。

尔雅释诂：『蘦，落也。』郝懿行云：『蘦者亦假音也。』说文云：『零，馀雨也。』按零落宜用此字。故又云：『霝，雨零也。』『霤，雨零也。』霤亦通落，霝亦通零，故诗：『靈雨既零。』毛传：『零，落也。』『零雨其濛』，说文引作『霝雨其濛』。又通作苓。礼记王制：『草木零落。』释文云：『零又作苓。』尔雅释文：『蘦字或作苓。又通作泠。』樊敏碑云：『士女涕泠。』张公碑云：『天时和兮甘露泠。』是零为正体，霝亦通用，蘦、苓、泠俱假音。（尔雅义疏）

我认为这不是假借，乃是在演变中形成的异体字。

说文：『霝，雨零也，从雨㗊，象零形。诗曰：霝雨其濛。』『霝』金文作『[illegible]』，实象雨降落之形。『蘦』义为落，实与『霝』相同。其加『艸』，乃是表示草木零落之意，二字实就是一个字。

『霝』与『零』音义皆同而又通用，『霝』是初字，『零』是后起字。金文『霝』字又假用为『令』，令善之『令』。

颂鼎：『颂其万年眉寿，畯臣天子霝冬。』

小克鼎：『用匄康勵屯右眉寿霝冬。』

微緐鼎：『用易康勵鲁休屯右眉寿永令霝冬。』

不嬰簋：『用匄多福眉寿无疆永屯霝冬。』

『霝冬』显就是『令终』。这是因令善之『令』这个词原没有本字，最初假用『霝』字，后世又改用『令』字。

从『霝』作的字又往往改用『令』。

䡼、軨。说文『軨』字重文『䡼』。

蘦、苓。说文：『蘦，大苦也。』又：『苦，大苦，苓也。』尔雅释文：『蘦字或作苓。』

䗍、蛉。说文：『䗍，螟䗍，桑虫也。』诗小宛：『螟蛉之子，蜾蠃负之。』（说文『蝸』字注引作『螟䗍有子，蝸蠃负之』。）扬雄法言学行：『螟䗍之子殪，而逢蜾蠃，祝之曰：「类我类我！」久则肖之矣。速哉！』

这必是由于『霝』改用『令』以后，这些字也随之改用『令』为声旁。从这个规律看，『零』也必是后世改用『令』为声旁而新造的。

清代学者所说的同声通假字很多是这类字，根据这类字建立学说，怎么能成立呢？

段玉裁、王念孙等又创为音同义同之说，认为声音相同，义也相同。这也是不正确的。说文：『譒，敷也，从言番声。商书曰：「王譒告之。」』段玉裁云：『手部播一曰布也，此与播音义同。』『王譒告之』是尚书盘庚文，今尚书作『播』。说文『播』字古文作『敽』。可知『敽』『播』『譒』当是一字之变，不是什么音同义同。

说文：『遦，习也，从辵貫声。』段玉裁云：『此与手部掼音义同。』说文：『掼，习也，从手貫声。春秋传曰：掼渎鬼神。』段玉裁云：『此与辵部遦音义同，古多假貫为之。』『掼渎鬼神』今左传作『貫渎鬼神』。习惯今又作『惯』。玄应一切经音义云：『惯又作串、掼、遦三形。』可知『串』『貫』『掼』『遦』即一个字。我以为这个字初文是甲骨文『毌』字，演变为『串』及『毌』，又演变为『貫』，后加不同的偏旁变为『掼』及『遦』。这个字的初义是贯穿，『毌』即表示贯穿之意。由贯穿引申为一贯，由一贯又引申为习惯，不是什么音同义同，其通用也不是假借。

段玉裁、王念孙等又创为形声字声中有义之说。说文『濃』字，段玉裁注云：『小雅蓼萧传曰：「濃濃，厚貌。」按酉部曰：「醲，厚酒也。」衣部曰：「襛，衣厚皃。」凡農声字，皆训厚。』此外还有『農』和『膿』也都训厚。尚书洪范：『農有八政。』伪孔传云：『農，厚也。』枚乘七发：『甘脆肥膿。』李善注云：『膿，厚之谓也。』『濃』『襛』『醲』『農』『膿』都训厚。我们认为这并不是声中有义，这乃是语言中的同一个词。这就是在语言里谓厚为濃，不论是露厚、衣厚、酒厚、肉味厚都说是濃。『濃』这个词是抽象的、无形的，不能用字形来表示，没有本字，只能假用同音的字。最初盖是假用『農』字，后来因为用在不同的地方，又加上不同的偏旁。露水厚加『水』旁，衣服厚加『衣』旁，酒厚加『酉』旁，肉味厚加『肉』旁。这和假借字加义旁是一样的。

段玉裁、王念孙等又创为『文字起于声音』『就古音以求古义』『不限形体』之说。段玉裁云：『文字起于声音。』（六书音韵表）又云：『圣人之制字，有义而后有音，因音以得义。治经莫切于得义，得义莫切于得音。』（广雅疏证序）王念孙云：『窃以训诂之旨，本于声音。故有声同字异，声近义同。虽或类聚群分，实亦同条共贯。……今则就古音以求古义，引申触类，不限形体。』（广雅疏证序）

王引之经义述闻（卷二十三）：『夫训诂之要在声音不在文字。』

这种理论能成立吗？文字是语言的符号。语言诚然是有声音的，但语言不只是声音。语言包括语音和语意二者，主要的是语意。语言是思维的工具。语言和思维是统一的，语言里的一个词，主要的是它的含义，而不是它的声音。同时，语言是社会交际的工具。语言的作用和目的是人们用语言把自己的思想传达给别人，彼此互相交换。这也可知语言主要的是语意而不是声音。声音只是表达语意的媒介。文字是语言的符号，所以文字主要的是表达语言的语意，而不是表达语言的声音。我们只能说文字是语言的符号，不能说文字起于声音。文字最初创造的时候，总是用字形来表示词义的。中国汉字有象形、会意、指事、形声，更明显是用字形表示词义的。若如段玉裁所说，『文字起于声音』，那有什么象形、会意、指事、形声可言呢?!若如王念孙所说，『就古音以求古义』『不限形体』，那文字的字形也没有作用了！文字的字形既不起作用，就失去了作为语言符号的作用，那还成什么文字呢?!所以段玉裁、王念孙等的这些说法，是说不过去的。

段玉裁、王念孙等的这些理论源于音韵学。段、王都是研究音韵的。他们研究音韵，主要是研究古音。他们研究古音实只是研究古音的分部。段玉裁分古音为十七部，王念孙分古音为二十一部。段玉裁说：『十七部为假借、转注之维纲。学者必知十七部之分，然后可知十七部之合。知其分知其合，然后可以尽求古经传之假借、转注而无疑义。』（六书音韵表）又说：『十七部为音韵，音韵明而六书明，六书明而古经传无不可通。玉裁之为是书，盖将使学者循是以知假借、转注而于古经传无疑义。』（寄戴东原先生书）王念孙说文解字段注序云：『吾友段氏若膺，于古音之条理，察之精，剖之密，尝为六书音韵表，立十七部以综核之。因是为说文注。形声读若，一以十七部之远近分合求之，而声音之道大明。于许氏之说，正义借义，知其典要，观其会通……而训诂之道大明。』由此可知，他们是以古音分部为基础，以古音分部为纲，用古音分部解释假借，研究训诂的。他们的理论就是由这种古音分部推衍出来的。他们看到古书里有许多字可以通用，而这些通用的字古音又多同部，于是便认为是同音假借。又因为看到通用字声音相同，义也相同，于是又认为文字音同义同，声中有义，文字起于声音，主张

『就古音以求古义』，用声音解释古书，研究训诂。

这显然是不合理的。他们所说的通假字，我们说有许多不是假借字。即按他们所说的通假来说，也是说不过去的。段玉裁说：『凡假借必同部同音。』（说文『丕』字段注）这虽不完全正确，但还是有道理的。因为假借是假音，必须是同音或同声或声音相近才能假借，否则不能假借。但是，反过来，是不是凡同部同音的字便都可以通用呢？显然不能这样说。因为这样说是逆定理，逆定理是不能成立的。事实上古代也不是同部同音的字都能通用。所以段玉裁说，『十七部为假借、转注之维纲』，知十七部是分合，『可以尽求古经传之假借、转注而无疑义』，实际所运用的正是逆定理。这绝不可通。这是逻辑推理的错乱。

古书里有很多通用字，其之所以通用，有各种不同的原因，有的是如我们前面所说的由于文字的演变而形成的异体字，有的是古今字，有的是如郑玄所说：『其始书之也，仓卒无其字，或以音类比方，假借为之，趣于近之而已，受之者非一邦之人，人用其乡。同言异字，同字异言，于兹遂生矣。』（经典释文序引）或者写别字，或者传写错误，对此必须看具体的情况作具体的分析，不能简单地用同声假借来解释。

文字学研究什么

任何一种学科，只要是一门学问，就必定要有它研究的特定范围和对象。中国文字学既然是一门学问，自然也是一样，有它研究的特定范围和对象。这应该是研究中国文字学首先要明确的问题。只有这样，才能科学地研究。

关于文字学究竟应研究什么，现在还没有一致的认识，因此关于文字学研究什么还没有一个科学的规定。

旧时研究文字者有四种情况：一是识字，二是解释字义，三是研究字音，四是研究字形。

第一种是识字。我国最早的字有史籀十五篇，据说是周宣王时太史籀所作。秦时，李斯作仓颉七章，赵高作爰历六章，胡毋敬作博学七章，汉代『闾里书师』把这三种书合而为一，称为仓颉篇。汉武帝时，司马相如作凡将一篇；元帝时，史游作急就一篇；成帝时，李长作元尚一篇。这些书除急就篇以外，其他都已失传了。一九七七年，安徽阜阳发现汉汝阴侯（二代侯夏侯灶）墓，出土了许多竹简，中有仓颉篇，是仓颉　爰历　博学三者已合并了的，使汉代的仓颉篇又重现于世。这些书只有字，没有字义，可知只为识字用的。李斯所作仓颉盖是秦始皇改革文字以后，使文字规范化而作的。仓颉篇四字一句，有韵，急就七字一句，也有韵，这盖是便于诵读。

第二种是解释字义。文字是有义的，认识文字必须要了解字义，懂了字义才能看书，才能使用文字与别人交换思想感情等。解释字义的书汉代就有了。汉书艺文志无名氏的仓颉传，扬雄的仓颉训纂，杜林的仓颉训纂和仓颉故，这些书现虽已不存，但从它们的书名就可知是解释字义的。

解释字义的书最重要的当推尔雅。尔雅这部书是谁作的，已不知道。或传是周公作的，这自然是不可信的。汉书艺文志著录，它是汉代以前的书是没有问题的，尔雅中释诂　释言　释训都是解释字义、词义的，其中有许多是解释儒家经典诗经　尚书中的字义和词义的。这是因为汉代儒学兴盛，学者都要读儒家的经典，所以尔雅作者把儒家学者对儒家经典的解诂收入。以后贾鲂作滂喜篇，魏张揖作广雅都是这类的书。南朝梁顾野王作玉篇解释字义，又注明音切，这后来就发展为字典。

第三种是研究字音。文字是有声音的，但汉字不是表声的字，它的声音不能从字形上读出来，只有学习认识时硬记它的读音。这对识字和读书都是很不方便的。

汉代学者注书，对于字音都用同音或音近字相比况。如说文：『冞』字『读若祝』；『佴』字『读若树』等。后汉末孙炎作尔雅音义创为反切。反切实就是拼音。这样，对于汉字的注音就有一个比较好的方法，以后便都用这种方法来注音。自此以后，讲音韵就日益兴盛起来。

魏李登作声类，晋吕静作韵集分声音为五，后来到了南朝又发展为四声说。及至隋陆法言等作切韵，集以前各种学说的大成，把字音分为二百有六部，奠定了音韵学的基础和体系，以后历代编纂韵书都是在这个基础上增补。

孙炎发明反切，这实际上已把字音分为声和音两部分。李登和吕静以及以后到陆法言，都是研究字音的。对于声的研究有所谓三十六字母，这又称为等韵。三十六字母的作者或以为六朝时僧神珙始作三十字母，或谓唐初僧舍利始作三十字母，后有僧守温增加六字母成为三十六字母。这三十六字母直到现在研究音韵者还是遵用。

研究音韵还有古音。研究古音开始较晚，南宋吴棫作韵补、郑庠作古音辨才开始看到古诗押韵与唐宋以来不同。明代陈第作毛诗古音考，指出古音与今音不同，古诗押韵是有一定条理的，但他还没有作出古音的分部。这到了清代才大盛。清代顾炎武、江永、戴震、段玉裁、王念孙都是研究古音的名家。直至现在音韵学仍未衰。

第四种是研究字形。研究字形实就是研究『六书』。『六书』是汉字造字和使用的方法，这些方法是造字之初就已有的。是造字时就按照这些方法创造呢，还是后世从汉字中归纳出来的呢？这当是后世研究文字总结出来的。这是什么时候总结出来的呢？这就难指了。『六书』之名始见于周礼地官保氏。周礼保氏云：『保氏掌养国子，教之六书。』若据此谓西周初已有『六书』之分，显是不可信的，但汉代必已有『六书』之说了。说文有引用司马相如说字形者，如

『茵』重文『鞇』，说文云：『司马相如说茵从革。』又如『营』重文『芎』，『司马相如说，营或从弓』，可知司马相如时就已研究汉字的偏旁了。这也就是说当时必已经研究汉字的结构了，当时可能已归纳出『六书』。

周礼保氏只提到『六书』，『六书』的内容是什么没有说。班固汉书艺文志才说是象形、象事、象意、象声、转注、假借，但什么是象形、什么是象事、什么是象意、什么是象声、什么是转注、什么是假借没有说明，到许慎才作了解释。说文：『周礼，八岁入小学，保氏教国子，先以六书：一曰指事，指事者，视而可识，察而可见，上下是也。二曰象形，象形者，画成其物，随体诘诎，日月是也。三曰形声，形声者，以事为名，取譬相成，江河是也。四曰会意，会意者，比类合谊，以见指撝，武信是也。五曰转注，转注者，建类一首，同意相受，考老是也。六曰假借，假借者，本无其字，依声托事，令长是也。』

『六书』的理论确是文字学上的一大发明，它对汉字字形和使用的分类是比较合乎客观的，直到现在这种理论还是为文字学者所遵循。

对字形的研究最重要的当然要推许慎的说文解字。说文总结了当时的文字的理论，把所有的文字加以归类。他利用汉字的偏旁把汉字分属于五百四十部，又利用『六书』的理论注明每个字属于『六书』的哪一类，又注明字义，这确实是一部创造性的伟大著作。它把汉字系统化了，使学者研究有个指导的理论和法则。

『六书』之学自魏晋直到唐宋，研究者很少，直到南宋，郑樵极力提倡，他的通志六书略专用『六书』解释所有的汉字。自此以后，『六书』之学又逐渐兴盛起来，元明时期的文字学者，如杨桓的六书统、戴侗的六书故、周伯琦的六书正伪都是以『六书』讲文字。清代说文之学大盛，研究『六书』的就更多了。

现在研究文字学者都谓文字学是研究文字的起源及其发展的规律。他们所说的起源和发展都只是就字形而言，有人更认为文字学就是研究字形的。例如，唐兰说：『文字学本来就是字形学。』他说：『文字学的研究对象只限于形体。我不但不想把音韵学找回来，实际上，还得把训诂学送出去。』他们认为研究文字学就是研究汉字的起源和形体演变的规律，即研究从甲骨文、金文、篆书、隶书、楷书到草书等书法的演变。当前研究文字学都是这样研究的。音韵、训诂则是语言学研究的范围。

从上述情况可知，过去研究文字学实没有一个明确的对象和范围。训诂和音韵二者诚然与汉字的字义和声音有关，但它们的最初兴起却不完全是为研究文字的。训诂最初是为了解释古书的；音韵除了反切和三十六字母是为了注汉字的读音外，其分四声和韵部则都是为了作诗歌的声调和押韵的，而且字义和声音也都只是文字的一部。『六书』是研究汉字造字和使用的方法及结构的，文字学当然是要研究的，但文字学是否应只研究『六书』呢？当然不能这样说。『六书』主要是说汉字造字的方法，也即字形。汉字有形、声、义三部分，字形只是其中的一部分，只研究『六书』是偏颇不全的。而过去研究『六书』多只解释什么是『六书』，什么是象形，什么是会意，什么是指事，什么是形声，什么是转注，什么是假借，这是多么贫乏！研究文字只研究汉字形体的演变，即只研究如何由甲骨文演变到金文，到篆文，到隶书，到楷书，到草书，这有什么意义呢?!这还没有接触到文字的本质，这应只是研究书法史的事。

文字学过去为什么没有一个明确的对象和范围呢？这是因为过去没有认清文字是什么。《说文序》：『仓颉之初作书，盖依类象形，故谓之文。其后形声相益，即谓之字。文者物象之本，字者言孳乳而浸多也。』

这是我国最早对文字所作的定义。这只说了文字的创造和发展，文字的性质和作用都没有说明，这显然对什么是文字、文字的性质和作用都不明了。文字是什么都未认识清楚，自然就不可能确定研究的对象。研究的对象没有正确认识，自然也就不可能有正确的研究方法。研究只能停留在表面现象和应用方面。中国文字学至今没有走上科学的轨道，原因即在于此。

文字学研究的对象是什么？这先要明确什么是文字，只有文字的性质和作用明确了，才能确定文字学应该研究什么及其研究范围。文字是语言的符号，这是现在世界语言文字学者所公认的文字的定义，这是文字的科学的定义。人是会说话的，说话就有许多词，把词连缀起来就成为语句。为能把语言记录下来，于是用一种符号把词表示出来，这种符号就是文字。文字既然是语言的符号，那我们研究中国文字学就应该按照这样的途径来研究，即把汉字当作汉语的符号来研究，即研究汉字怎样用来作汉语符号的，并寻找其演变的规律。

文字有形、声、义三者，实际上，应只分为两部分：一是音义，一是字形，这也即一是语言，一是符号。音和义是语言所固有的，这二者是不能分开的。语言最主要的部分当然是语意，但语意必须借声音才能表达出来，语言离开声音便不能成为语言。文字则不然，文字只是语言的符号，它本身没有音和义。它的音和义只是它所代表的那个词的音和义，这一点汉字尤其如此。拼音文字是表音的，它所表的就是它所代表的那个词的声音，从字形上就可以读出它所代表的那个词的声音。汉字则不然，它不是表音的，不能从字形上读出它所代表的那个词的声音。但是文字是语言的符号，我们必须通过文字才能认识语音和语意，因此，我们研究汉字应当从字形和字义两方面考察。

文字是语言的符号，文字的字义就是它所代表的那个词的词义，那我们研究汉字的字义，应该从它使用的情况考察。汉字使用的情况可从两方面看：一是从文字方面看，一是从语言方面看。

从文字方面看，汉字有本义，有引申义，有假借义。本义就是造字时它所代表的词义。在汉字里，有的一直用作一个词的符号，只有一种字义。引申义是由本义衍生出来的。引申义相当复杂，有的是用在不同的地方，词义微有不同，有的转辗引申，可以有几种字义。假借义是一个字假用为其他词的符号。一个字假用为其他词的符号以后，字义就和它的本义不同了，它的字义就是它所代表的那个词的词义。一个字可以假用为几个词的符号，因此一个字可以有几个不同的字义，这就形成了一字数义。

从语言方面看，语言里一个词需要用一个字作为它的符号，这最好每一个词能造一个字作为它的符号，但这在汉字的造字方法上做不到。有许多词用汉字的造字方法不能为它造出来，这种情况就只得假用其他字作为它的符号。还有，由于各种不同的原因，一个词可用几个字作它的符号，这样就形成多字一义。

汉字的字义是很复杂的，其基本情况不外上述两种。我觉得我们把握这两种情况，对汉字字义的演变是可以看得清楚的。

文字是语言的符号，文字是有字形的，我们通过各个不同的字形，认识它是什么词的符号，由此再认识语言的词意和声音。

文字的演变是很复杂的，从作为语言的符号来讲，最好语言里每一个词有一个固定的字作为它的符号，字形始终不变，如山、水、日、月等字，这样就非常明确简单，不致混淆。但这事实上是不可能的。社会是发展演变的，事物也是发展演变的，随着社会事物的发展演变，语言也必定发展演变，语言发展演变，作为语言符号的文字也必定要发展演变。说文序云：『仓颉之初作书，盖依类象形，故谓之文。其后形声相益，即谓之字。文者物象之本，字者言孳乳而浸多也。』孳乳就是发展。今汉字最多的是形声字。照许慎所说，形声字是用『形声相益』的方法创造的。其实不是的，形声字有用『形声相益』的方法创造的，但大多数都是在发展演变中形成的。汉字除独体字以外，都是用偏旁相组合而成的。偏旁一变，字形也就随之而改，字形改变了，便和原来的字形不同。这样，一个字便可能被误认为两个或几个不同的字。同时，汉字用为语言的符号也不是一个字始终只作一个词的符号，它可以作两个乃至几个词的符号；而一个词所用的符号也不都只是一个字，有的可能用两个乃至几个字作它的符号。这样就形成了一种非常复杂的现象，难以量理。过去中国文字学没有走上科学的道路，就因为这个问题未能正确地解决。

对于汉字字形的演变，我看也是从它作为语言的符号考察。从两方面考察：一是从汉字字形演变总的情况考察，也即研究汉字字形的演变有哪些形式，掌握了这些形式，则可以了解汉字演变的一般法则，对汉字演变的研究就有所遵循，不致臆度；二是从汉字的使用，即作为语言的符号的情况考察。文字有本义、引申义和假借义，有的一字数义，有的数字一义，这种情况都是汉字的使用形成的。反过来，我们从其使用的情况也可以推见字形的演变。

例如异体字。异体字是音义皆是同一个词的符号，只是字形不同。字形为什么不同呢？当然是由演变而来的。从字形上看是不同的字，怎么知道它们是同一个字呢？这就由它们使用上看出来的。它们同是一个词的符号，音义皆同，所以必定是一个字，它们字形不同必是由演变而来。

例如，说文『玩』重文『貦』，『貦』是异体字。何以知道这两个字即是一个字呢？这必是见到这两个字音义相同，是一个词的符号的缘故。这两个字字形不相同，只是在演变中所加的偏旁不同。又如『网』字，说文重文又有『罔』『䋄』『⿵冂亡』等。这几个字为什么是异体字呢？这也必是因为见到它们是同一个词的符号。这个字初只作『网』，后加『亡』表声成为『罔』。『䋄』是用绳结织成的，后世又加『糸』表义作『䋄』。『⿵冂亡』则显是『罔』之省。又如『鬲』字，说文重文有『𩰫』和『𤮼』，之所以知其为异体字，也必是因为其字义相同，可以通用，即是同一个词的符号，其字形不同也必是演变而成的。这个字最初只作『鬲』，是个象形字。因为鬲是瓦器，所以后又加『瓦』表义，便成为『𩰫』，后又改用『厤』表声成为『𤮼』字。又如『迹』字，说文重文有『蹟』和『速』。这也必是由于演变形成的异体字。这个字金文作『速』，『迹』字据说是李斯所改，这显用『亦』代『束』表声，『蹟』则是另造的。『迹』或又作『跡』，这显是改用『足』表义的。

又如假借字。假借是『本无其字，依声讬事』。这就是语言里一个词没有自己的符号，而假用别的字为它的符号。从文字方面说，是一个字假用为另一个词的符号。这种假借字假用以后，往往加偏旁成为新字。如『懈』这个词古代假用『解』字为符号，后世加『心』旁便成为『懈』字。又如『愻』和『遜』古代假用『孫』字，后世加『心』和『辵』便成为『愻』和『遜』。汉字中假借字很多，有的一个字可以假借为几个词的符号，后加偏旁便成为不同的字。

汉字中由此发展出来的字很多。

由上述情况看，汉字作为语言的符号，由于演变发展，一个字可有几种不同的字形。那么，反过来，我们从一个词所用作符号的汉字，也即其字义相同可以通用，不也可以推见这个字的演变发展吗？

中国文字学中形而上学的批判

中国文字学和哲学、历史、文学、艺术及其他社会科学一样，是有鲜明的阶级性的。不同的阶级都利用它为自己的阶级利益服务。不同的阶级都站在自己的立场上，用自己的阶级观点，用自己的世界观研究和解释中国文字。

中国文字学过去长期以来都是掌握在封建地主阶级的手里。自从汉代以来，中国封建统治阶级对文字学就很重视。汉代就有许多封建地主阶级的学者从事文字学的研究，以后历代都有人研究文字学。封建帝王也组织御用学者编纂有关文字的书。尤其到了清代，文字学几乎成了一门最盛、最被重视的学问。研究说文　尔雅　广雅以及音韵蔚然成风。『汉学』——或称『小学』被人视为最重要的学问。

封建地主阶级之所以这样重视文字学，其目的就是要研究『经学』，阐明『经义』，宣扬孔孟之道，以维护其封建统治。许慎说文解字序说：『盖文字者，经艺之本，王政之始，前人所以垂后，后人所以识古。』王念孙说文解字段注序说：『训诂声音明而小学明，小学明而经学明。』段玉裁说他注说文解字是『以字考经，以经考字』。（陈奂说文解字段注跋）这些都非常明确地说出了他们的目的。

封建地主阶级操纵了中国文字学的研究，他们必然要按照他们的世界观，用唯心主义形而上学的方法研究中国文字。他们为达到维护其封建统治的目的，必定要曲解文字。唯心主义形而上学的世界观是用孤立的、静止的和片面的观点去看世界。旧时封建地主阶级的文字学者研究中国文字学就是这样。他们都认为中国文字是静止不变的。说文所收录的九千多字都是仓颉创造的，自仓颉以来就是如此，后世没有变化，所变者只是由古文、籀文到小篆到隶书书体的改变而已。说文所说的字义都只是本义。他们研究中国文字只讨论什么是『六书』，或者孤立地研究某一个字的字义，不研究文字历史的演变发展，更不研究中国文字演变发展有什么规律。为了宣扬孔孟之道，维护封建地主阶级的利益，他们不惜对文字进行曲解。我们翻阅任何一种旧中国文字学的书，曲解、臆说无不触目皆是，甚至有的达到不知所云的地步。

清代嘉庆、道光以后，研究金文逐渐兴盛。及至甲骨文发现，甲骨文和金文古文字学的研究更兴盛起来。甲骨文的发现，对中国文字学来讲，自是一件重要的事。它给中国文字学提供了新的、极其珍贵而重要的材料，使中国文字学的研究有了极为有利的条件。过去，研究中国文字者都以为说文是最早的材料，不论字形、字义都以说文之说为准则。说文所收录的字是以小篆和汉代通用的文字为主的，实不是中国最早的文字，其中有许多字的字形都是已经演变了的，其字义许多都是引申义或假借义。以引申义或假借义解释已经改变了的字形，以求造字的本义，岂非缘木求鱼?!所以单就说文来研究中国文字，得不到正确的结论，势所必然。甲骨文发现以后，情形便不一样了。甲骨文是今天我们能见到的我国最早的文字。它即使不是开始创造时的文字，距离开始创造也不甚远，它的字形许多都保存了最初造字的构意，从字形可以推知它的本义。中国文字从甲骨文到金文到小篆到隶书，中间没有间断。从甲骨文演变到金文，从金文演变到小篆，其演变的过程和迹象是可以看到的。所以，甲骨文发现以后，中国文字演变发展的原委便可以研究，其发展的规律便也就可以寻求。但自从甲骨文发现以来，研究甲骨文、金文和中国文字学的学者却没有这样进行研究。研究甲骨文和金文的只是研究甲骨文和金文，研究说文的还只是研究说文。他们所用的理论和方法仍旧是旧文字学的一套。大家知道，研究甲骨文最早的是孙诒让，以后是王国维。金文也是一样，主要是吴大澂、孙诒让、王国维。再后来研究中国古文字学的学者大多数是直接或间接受王国维的影响的。孙诒让和王国维研究甲骨文和金文的理论和方法显然还是清代乾、嘉以来的那一套旧理论和旧方法，也就是形而上学的理论和方法。他们对于甲骨文和金文的研究主要的也只是对个别字的认识和考释，虽也指出说文的一些错误，但没有提出有关中国文字学的新理论。他们对于甲骨文和金文的考释也充满了想象、臆度、曲解，甚至猜测。中国文字学，不论旧时文字学或甲骨文和金文研究，实际上还都停留在对文字个别现象的解释上，而没有一个真正的科学理论。也就是说，中国文字学还没有真正走上科学的轨道。这中间最根本的原因就是中国文字学还是被形而上学支配着。

辩证唯物主义告诉我们：事物都是演变的、发展的，事物的演变发展都是有其规律的。科学的研究就是要把这种演变发展的客观规律寻找出来。中国文字自也不能例外。它也必定是演变的、发展的，其演变发展也一定有其规律。研究中国文字学主要的也应该是研究中国文字的演变发展，探求其演变发展的规律。只有把中国文字演变发展的规律寻找出来，以之为指导，对中国文字学、甲骨文和金文才能更好地进行研究，中国文字学才能逐渐走上科学的轨道。

一

中国文字演变的情况怎样，有哪些规律，这我们现在还说不出来，因为过去中国文字学者对这方面没有作过研究。中国文字的演变是很复杂的。一个字可能有几种字形，一个字又可能有几种字义，有本义，有引申义，有假借义，这中间的关系就相当错综复杂。再加上古今用字不同，写别字和传写错误，就更使人感到头绪纷繁，难以理出其演变的原委和规律。但是，中国文字演变的许多现象是可以看到的，有些现象大家也都知道。我们对这些现象作历史的研究，然后进行归纳，最后，中国文字发展有什么规律应当是可以找到的。

中国文字有形，有声，有义，其中最主要的是字形。研究中国文字的演变发展，首先要研究字形的演变。文字的演变就是字形的演变，只有从字形上才能看出其演变的情况。中国文字的结构，除了象形字以外，大多都是用偏旁相配合组成的。会意字是用两个或两个以上的字相配合表示词义。形声字是用两个字相配合，一个表义，一个表声。中国文字就是这样用不同的偏旁相配合组成不同的字，也就是用这种偏旁配合的变化而演变发展。这种偏旁的配合有没有规律可寻呢？我想应该是有的。

这里，我想先列举一些现象来看。说文里有许多重文。重文实就是异体字。这些异体字显然都是由于文字演变形成的。说文中的重文有两种：一是古文和籀文，一是篆文。古文和籀文都是秦始皇改革文字以后不用的。汉代所用的文字当时称为『今文』。说文的文字以小篆为主，同时又把所见到的古文和籀文作为重文与小篆并列。从这些重文我们可以看到中国文字一部分演变的情况，如是怎样演变的，有些什么形式。这里我们略举几个例子。

①改换或简化义旁，如：

歗（古） 啸；𣀔（籀） 壞；敊（古） 扶；𢿌（古） 播；愇（籀） 韙；磬（籀） 鞀；𩫏（籀） 垣；𩫨（籀） 城

②改换或简化声旁，如：

𥙉（古） 柴；速（籀） 迹；誚（古） 譙；𩚀（古） 飽；糁（古） 糣（籀） 糂

③减省笔画或偏旁，如：

䍜（籀） 䍐 罝；𥻆（籀） 粟；𪛁（籀） 秋；𧝑（籀） 衺；𡲶（籀） 屋；䰟（籀） 鬼

④创造新字代替旧字，如：

匩（古） 帷；㕍（古） 席；𨑒（古） 撫；墬（古） 地；圗（古） 图

说文重文除了古文和籀文以外，还有篆文的重文。这种重文也有几种情况。兹也略举例于下。

①增加义旁，如：

巩 𢀜；厷 肱；冂 同 坰；亩 廩；休 庥；乙 鳦；亢 颃；或 域；匧 箧；它 蛇

②义旁不同，如：

玩 貦；茑 樢；茵 鞇；唾 涶；吟 訡；起 𨑢；返 𢓜；徯 蹊；讶 迓；誖 悖

③声旁不同，如：

祀 禩；髣 𧘂；琨 瑻；蕙 蕿 萱；喟 嘳；達 达；梅 楳；暱 昵；罶 䍡

④同以某一个字为声旁者，改换声旁时，也同以另一个字为声旁，如：

蓾 菡；橹 樐；廬 麖；鱷 鲸；瓊 璚 瓗；𩾌 鱊；𧕌 蠵

⑤义旁和声旁都不同，如：

玭 蠙；毒 䓯；吻 脗；逶 蝸；餔 釜；薅 茠；稃 粰；寏 院

⑥减省偏旁或笔画，如：

瑁 冒；壘 星；秫 术；陖 峻；懋 悉；灋 法；蜙 蚣

⑦省变，即减省笔画，同时又改变偏旁，如：

鬻 餗；鬵 秬；傀 瓌

⑧象形字和会意字改用形声字，如：

珏 瑴；彝 𦴗；采 穗；吕 膂；市 韍；乡 鬒；凷 塊；内 蹂

总结起来，有下列几种：①一个字可以增加义旁。②一个字可以有不同的义旁。③一个字可以改换声旁，也就是一个字可以不同的字作声旁。④同以某一个字为声旁者，改换声旁时，可同以另一个字为声旁。⑤一个字可以减省偏旁或笔画。⑥一个字义旁和声旁可以都不相同，也即字形可以完全不同。⑦可以创造新字代替旧字。

这几种形式应该是中国文字演变的基本形式。中国文字应就是按照这几种形式演变的。过去，中国文字学者也说『重文』，也说别构，也说古今字，但他们就不说演变发展，不把这些现象看成是由于演变发展形成的，不从演变发展的观点分析研究这些现象，寻求其演变的规律。

上面所举的是中国文字演变的基本形式，也是最简单的形式。实际上，中国文字的演变不都是这样简单，有的是相当复杂的。有的一个字可以有几种变化。一个字有几种不同的义旁，或又改换声旁。又由于引申、假借，字义不同，又增加不同的偏旁，于是一个字孳乳为几个字。中国文字除创造新字以外，大多都是这样发展的。

这里我们再略举几个例子来说一说。

『祖』字甲骨文最初只作『且』，后或作『祖』，金文作『且』或『祖』，『祖』显是加『示』旁表义的。

『卸』『御』和『禦』，这三个字甲骨文最初只作『钔』，后又作『御』（御）、『衘』、『钕』和『衸』（禦）等形。金文又作『迎』。这显然是增加不同的义旁。后世『衘』『钕』和『迎』皆废而不用，只存了『卸』『御』和『禦』三个字。这三个字原是一个字，所以在卜辞和铜器铭辞里都通用，以后因为引申和假借，字义不同，分为三个字。

『作』字甲骨文只作『乍』，金文则有『乍』『钕』『钗』等几种形状，这也是增加不同的义旁。

『寶』字金文有『寶』『寘』『窑』『宝』等形，后三字显是省去了一部分偏旁。

说文云：『遘，遇也。从辵冓声。』按卜辞，遘遇之遘初只假用『冓』字。如：『癸未贞，上甲岁，不冓雨。』（粹八〇）『……田，其冓大风。』（粹八二五）后又作『冓』『䜴』或『遘』。如：『乙丑卜，犾贞，今日乙，王其田，湄亡𢦔，不冓大雨。』（甲一六〇四）『叀上甲，不䜴雨。』（粹一〇一）『不遘大风。』（粹八三一）『其遘大风。』（粹八三二）这显是增加不同的偏旁。

说文又有『觏』字，云：『觏，遇见也。』诗草虫：『亦既觏止。』传云：『觏，遇也。』义与『遘』相同。诗柏舟：『觏闵既多。』释文云：『觏，本或作遘。』『觏』和『遘』也是一字，加不同的义旁而已。

诗野有蔓草：『邂逅相遇。』释文云：『遘本亦作逅。』可知『逅』和『遘』也是一字。诗原作『遘』字，后世改为『逅』的。说文没有『逅』字，新附才有。『逅』乃是后起字，这当是『遘』字后世改用『后』为声旁的。易姤卦，释文云：『薛云：「古文作遘。」』『姤』也必是后世改的，这当是由『逅』改换义旁为『姤』的。

说文：『媾，重婚也。从女冓声。』按金文，婚媾之媾用『冓』或『遘』。如厧叔多父盘：『朋友兄弟诸子婚冓无不喜。』克盨：『用献于师尹朋友婚遘。』因为婚姻是有关男女的事，所以后世改用『女』为义旁。

这些字的演变都是增加或改换义旁或声旁。由于偏旁的增加或改换，一个字可以孳乳为几个字。由此可知，中国文字的发展，偏旁的增省或改换确是个重要方面。

二

中国文字的孳乳过去都认为形声是主要的方法。说文序：『仓颉之初作书，盖依类象形，故谓之文。其后形声相益，即谓之字。文者物象之本，字者言孳乳而浸多也。』但过去文字学者认为形声是创造文字的方法，中国文字中的形声字都是用『形声相益』的方法创造出来的。形声字和象形字、指事字、会意字都是用各自不同的方法创造的，彼此没有关系，象形字和会意字不能变为形声字。这便不完全正确了。这也是形而上学的看法。形声确实是中国文字创造的一种方法。这种方法也确实运用得相当早，甲骨文已有形声字，后世确也有很多的字都是用这种方法创造的。但是我们现在所见到的，说文所说的形声字却并非都是用这种方法创造的，其中有很多都是在文字演变发展中形成的，也就是增加或改换偏旁形成的。不论象形字、会意字或假借字都可增加义旁或声旁成为形声字。

说文：「雞，知时畜也，从隹奚声。」「雞」是形声字。「雞」字甲骨文初只画个鸡的形状，是个象形字，后才加「奚」旁。加「奚」显是用以表声的，这样就成为形声字了。

说文：「來，周所受瑞麦來麰。一來二缝，象芒朿之形。」「來」是个象形字。说文又有「棶」字，云：「棶，齐谓麦棶也，从禾來声。」「來」「棶」同是麦，也就是一个字。「棶」显是「來」字加「禾」旁成为形声字。

说文：「匜，似羹魁，柄中有道可以注水酒，从匚也声。」「匜」字金文初只作「也」，是象匜的形状。后加「金」旁作「鉇」，或加「皿」旁作「盉」，或加「金」及「皿」旁作「鍌」，或加「匚」旁作「匜」，便成为形声字。

又如「鬲」字，是个象形字。说文「鬲」字的重文作「䰙」和「歷」。金文有从「金」作「鎘」的。「䰙」和「鎘」显是加「瓦」或「金」旁表义的。「歷」字则又把「䰙」改用「厤」表声了。

『网』字甲骨文作『』，是象形字。说文『网』字重文作『罔』和『𦉪』。『罔』显是加『亡』表声的，『𦉪』则又加『糸』旁表义。

『其』字是『箕』字的初文。甲骨文作『』，象簸箕的形状。说文作『箕』，籀文作『𠤳』，显然也是加『竹』或『匚』表义的。

『䰙』『㽁』『罔』『𦉪』『箕』『𠤳』，说文没有说是形声字，但它们的演变和上面『雞』『𥝢』『匜』等字是一样的，都是象形字增加义旁或声旁，也是形声字。

会意字加偏旁也可以成为形声字。

说文：『得，行有所得也，从彳㝵声。㝵，古文省彳。』『得』甲骨文作『』，和说文古文『㝵』相同，象以手持贝，是会意字。后加『彳』旁作『得』，便成为形声字。

说文：『使，令也。从人吏声。』『使』字甲骨文和金文都只作『史』。『史』原是会意字，后加『人』旁乃成为『使』字。

说文：『𦨈，用也。从舟𠬝声。』『𦨈』字甲骨文作『』，象屈服之意，在卜辞『𠬝』用作祭祀的牺牲。说文『報』字云：『報，当罪人也，从幸从𠬝，𠬝，服罪也。』『𠬝』本义盖为罪人。说文：『𠬝，治也。从又从卪，卪事之节也。』实是错误的。『𠬝』为罪人，也就成为奴隶，所以引申为服从、服事。甲骨文或又加『月』旁作『服』，金文加『舟』旁作『𦨈』，说文误分

为两个字。

假借字加偏旁成为形声字者更多。

说文：『羽，鸟长毛也，象形。』『羽』甲骨文作『』，象羽翼的形状。卜辞假借，义为明日。后加『立』表声作『翊』。『翊』古书作『翌』。尔雅释言：『翌，明也。』广韵：『翌，明日也。』说文云：『翊，飞皃。从羽立声。』『翊』义为飞皃，乃是别一义。『羽』甲骨文或又加『日』旁表义，作『𦐂』。金文又有作『䎈』的。如大盂鼎：『雩若䎈乙酉。』后世省变为『昱』。说文云：『昱，明日也。从日立声。』也成为形声字。段玉裁说『昱』是昱日的本字，『翌』是因与『昱』同『立』声假借的，实是不了解这个字演变原委的臆说。

『隹』是个象形字。说文云：『隹，鸟之短尾总名也，象形。』在卜辞和铜器铭辞里，『隹』字都用为发语词，如『貞，勿隹医告比』（乙七二四〇），『貞，勿隹医虎比』（佚三七五），『隹王元年正月』（师酉簋），『隹十又二月初吉』（免簋），这自是假借。后或加『口』旁作『唯』。如『唯王二月既生霸』（豆闭簋），『唯三月初吉甲戌』（康鼎），便成为形声字了。说文云：『唯，诺也。从口隹声。』『唯』义为诺是别一义。

说文云：『邁，远行也。从辵，蠆省声。』重文『邁』。『萬』和『蠆』即一个字，是象形字。说文云：『蠆，毒虫也，象形。』『萬，虫也。从厹，象形。』『萬』即蝎子，是象蝎子的形状。卜辞假用为数字之『萬』。金文加『辵』旁作『邁』。如师汤父鼎：『其邁年子子孙孙永宝用。』格伯簋：『其萬年子子孙孙永保用。』这便成为形声字了。『萬』还有作『㒖』『𧍮』『𡎬』等形者。这乃是增加不同的偏旁。『邁』义为远行，乃是别一义。

说文云：『賜，予也。从貝易声。』『賜』和『錫』甲骨文和金文都用『易』字，是假借字。金文增加偏旁作『錫』或『賜』，后变为『錫』和『賜』，便成为形声字。『錫』和『賜』义同为予，也就因为原就是一个字。

说文云：『賞，賜有功也，从貝尚声。』『賞』卜辞都用『商』字，也是假借。金文加『貝』作『賞』，便成为形声字。后又讹变为『賞』。

『鄉』字甲骨文作『』，是象两人对食之形，其本义必是饗食、饗燕，也即『饗』字的初文，后世加『食』作『饗』。

『鄉』字古代假用为面向之『向』。盠尊：『穆公又盠立中廷，北鄉。』休盘：『益公右走马休入门立中廷，北鄉。』僖公三十三年左传：『秦伯素服郊迎，鄉师而哭。』后世加『向』作『嚮』。诗庭燎：『夜如何，夜鄉晨。』释文：『字又作嚮。』隐公六年左传：『如火之燎于原，不可鄉迩。』释文：『鄉本义作嚮。』汉书公孙弘卜式倪宽传：『群士慕嚮。』往后『嚮』又省为『向』。

说文云：『響，声也。从音鄉声。』『響』古也假用『鄉』字。汉书天文志：『犹景之象形，鄉之应声。』汉书董仲舒传：『如景鄉之应形声。』『響』是『鄉』加『音』表义，便成为形声字。

说文云：『曏，不久也。从日鄉声。』『曏』古也假用『鄉』字。庄公三十二年左传：『鄉者牙曰庆父材。』荀子儒效篇：『鄉也，混然涂之人也。』『曏』显然也是加『日』表义而成为形声字的。

『䜌』字，说文云：『䜌，乱也，一曰治也。』在金文里，『䜌』假用为『蠻』。虢季子白盘：『用政䜌方。』兮甲盘：『毋敢或入䜌宄贾。』秦公簋：『虩事䜌夏。』说文云：『蠻，南蠻蛇种。从虫䜌声。』『蠻』显是『䜌』加『虫』旁成为形声字的。这乃是汉代封建地主阶级妄自尊大，轻视我国少数民族，妄改文字，妄解文字。

『䜌』金文又假用为『鑾』。剌鼎：『易女赤⊗市䜌旂用事。』扬毁：『賜女赤市䜌旂。』望毁：『锡女赤⊗市䜌。』南季鼎：『王易赤⊗市，幺衣，黹屯，䜌旂。』㦰毁：『易女㦰玄衣赤⊗市䜌旂楚徒马。』『鑾』字显是『䜌』加『金』而成的。说文云：『鑾，人君乘车，四马镳，八鑾铃，象鸞鸟声，和则敬也。从金，从鸞省。』这完全是封建地主阶级美化统治的帝王，曲解文字。

『䜌』金文又用为『欒』字。铜器有䜌书缶。䜌书即春秋时晋国的欒书。说文云：『欒，从木䜌声。』『欒』显也是『䜌』加『木』成为形声字的。

说文云：『堇，黏土也。』金文『堇』假用为『瑾』。颂鼎：『反入堇章。』又假用为

『勤』。㝬钟：『王肇遹省文武，堇疆土。』又假用为『觐』。女雙鼎：『女雙堇于王。』说文云：『瑾，从玉，堇声。』『勤，从力，堇声。』『觐，从见，堇声。』『瑾』『勤』『觐』都是形声字。这几个字显是『堇』加『玉』旁、『力』旁和『见』旁形成的。

说文云：『辟，法也。』在我国古书中，『辟』用为开辟、垦辟之『闢』。荀子议兵篇：『彼贵我名声，美我德行，欲为我民，故辟门除涂以迎吾入。』汉书司马相如传：『是草木不得垦辟，而民无所食也。』又用为『避』。僖公二十八年左传：『微楚之惠不及此，退三舍辟之。』史记周本纪：『平王东迁于洛邑，辟戎寇。』又用为僻远和邪僻之『僻』。荀子王霸篇：『所闻所见，诚以齐矣，则虽幽闲隐辟，百姓莫敢不敬。』汉书王褒传：『今臣辟在西蜀。』汉书晁错传：『使主内亡辟邪之行，外亡骞汙之名。』又用为譬喻之『譬』。荀子王霸篇：『辟之是犹立直木而求影之枉也。』荀子富国篇：『辟之若草木枝叶必类本。』又用为『躄』。荀子正论篇：『王良造父者，天下之善驭者也，不能以辟马毁舆致远。』杨倞云：『辟与躄同。』又用为『霹』。扬雄校猎赋：『辟历列缺，吐火施鞭。』『闢』『避』『僻』『譬』『躄』『霹』都是形声字，都是以后加不同的偏旁形成的。

这类字很多，不再多举。假借字是一个字代表几个不同的词，也就是一字数义。这样，便容易混淆。为了避免这种混淆，使人可以明确地知道某字某义，于是各按其所假用的词义增加不同的偏旁，这样就形成了不同的字。这样，不仅假借字变为形声字，中国文字也因此而发展增加。中国文字有许多字都是这样发展来的。

不仅形声字有许多是在文字发展中增加偏旁形成的，说文所说的会意字有的也是这样形成的。

说文云：『命，使也。从口从令。』『命』是会意字。说文：『令，发号也，从亼卩。』我们知道，『命』和『令』原是一个字。甲骨文和金文初只作『令』。如盂鼎：『丕显文王受天有大令。』颂鼎：『通录永令。』微䜌鼎：『永令霝冬。』『令』义都为命，后金文加『口』才成为『命』。后世不了解这种演变，把它分为两个字。

说文云：『位，列中庭之左右谓之位，从人立。』『立』金文就用为『位』。师毛父簋：『王各于大室，师毛父即立。』走簋：『王在周，各大室，即立。』望簋：『王在周康宫新宫，王各大室，即立。』『即立』就是『即位』。『位』显是『立』加『人』旁形成的。

说文又有许多所谓『亦声』字。这类字过去学者说是会意兼形声。段玉裁说：『凡言亦声者，会意兼形声也。凡字有用六书之一者，有兼六书之二者。』（说文『吏』字段注）这类字有许多实也和上述的会意字和形声字一样，是在发展演变中增加偏旁形成的。这类的字声和义同一个偏旁，许慎不了解其原因，因而臆造一个『亦声』之说来解释。段玉裁则更是巧立名目。

这里也略举几个例子。

说文：『吏，治人者也。从一从史，史亦声。』『吏』就是『史』字。吏是掌庶事的官，史也是掌庶事的官，即同一种官。汉代掌庶事之官犹称为史。说文序云：『学僮十七已上始试，讽籀书九千字乃得为吏。』汉书百官公卿表：『百石以下有斗食佐史之秩。』后汉书百官表谓太守、都尉『皆置诸曹掾史』。这些史都是掌庶事之官，也就是吏。『吏』字乃是后世在『史』上加一横画而已。甲骨文『史』字有人释为『吏』，也是错的。

说文：『禮，履也，所以事神致福也，从示从豊，豊亦声。』『禮』和『豊』也是一个字，甲骨文和金文『禮』都只作『豊』。说文也说『豊读与禮同』。可知『禮』也是后世加『示』旁的。

说文：『從，随行也。从辵从，从亦声。』甲骨文最初只作『从』，后或加『彳』作『纵』。金文加『辵』作『從』。『從』和『从』即一个字。

说文：『仲，中也。从人从中，中亦声。』伯仲之『仲』，甲骨文、金文乃至古书里都作『中』。汉代仍以『中』为『仲』，如『董中舒』。『仲』字是后世加『人』旁的。

说文：『政，正也。从攴从正，正亦声。』『政』古代初只用『正』。诗正月：『今兹之正。』传云：『正，政也。』文公四年左传：『曹伯如晋会正。』杜预云：『会受贡赋之政。』汉书武五子传：『扬州保疆，三代要服，不及以正。』师古云：『正，政也。』战国策秦策：『臣闻明主莅正。』史记范雎列传作『政』。『政』和『正』原是一个字。『政』乃是『正』加『攴』旁而已。

说文：『荆，罚辠也。从井从刀。易曰：井，法也，井亦声。』金文『井』义皆为法。牧簋：『先王作明井。』叔向父簋：『肇帅井先祖。』番生簋：『番生不敢弗帅井皇祖考。』『井』义都为法。『刑』义也为法。诗文王：『仪刑文王。』传云：『刑，法也。』『刑』初只作『井』，后世加『刀』旁。『刑』义为罚罪，乃是引申。

说文：『警，戒也。从言从敬，敬亦声。』诗常武：『既敬既戒。』笺云：『敬之言警也。』说文：『儆，戒也，从人敬声。』『警』和『敬』『儆』义都相同，显即是一个字。这个字最初盖只假用『敬』字，后或加『人』旁，或加『言』旁，便成为『儆』和『警』。『儆』和『警』实都只是假借字加不同的义旁，而说文以为一是形声、一是会意兼形声，可知许慎对此也没有弄清楚。

『亦声』字有的则是乱说的。

说文：『單，大也。从吅甲，吅亦声。』『單』甲骨文作『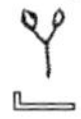』『』或『』，金文作『』或『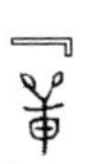』，根本就不是『从吅甲』。『甲』也不成字，怎么能说『單』是『从吅甲，甲亦声』呢？可见这纯属乱说。『單』字所表示的是什么意思，是象形、会意还是形声，从字形上都看不出来。我以为这个字乃是演变来的。甲骨文『獸』字作『』，从『單』从『犬』，金文也作『』。甲骨文『獸』又作『』『』『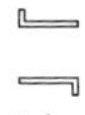』『』等形。其中最简单的是『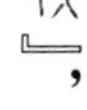』，『』和『干』字形相同，我以为这即是『干』字。『獸』字即『狩』字的本字，义为狩猎。『干』是武

器，『犬』是猎犬，『犾』乃是表示用干携犬田猎之意。『』往后增加笔画，演变为『』『』和『』，后又变为『單』，于是便失其原来的形状。后人不知，说文便望文臆说，以为是『从吅甲』。说文：『丧，亡也，从哭从亡，会意，亡亦声。』金文『丧』字作『』，也根本不『从哭从亡』，说『丧』是『从哭从亡』『亡亦声』显也是臆说。

由上述情况看，偏旁的增省演变确是中国文字发展的重要一环，许多字都是这样增加的。这类字都是在文字的演变中形成的，不是用『六书』会意、形声的原则创造的，严格说，这类字实不能称为会意字和形声字。事实上，这类字也不完全符合会意和形声的原则。例如，『翊』字原只是假用『羽』字，换句话说，是假声的。后又加『立』表声，『羽』和『立』都是声而不是义，把它说成是形声字，显然说不过去。过去，研究中国文字都株守『六书』，任何字都用『六书』来解释，由此看来，是不行的。单纯地用『六书』来解释中国文字得不到正确的解释，只有从文字的演变发展上考察，把一个字演变的历史研究清楚，才能得到正确的或比较正确的解释。

三

在中国文字中，假借也是个重要的方面。在中国文字的应用上，假借是很重要的，尤其在古书中假借字很多。假借字用得很早，卜辞中就有很多假借字。文字是语言的符号，依理，语言中每一个词都应该有一个字来表示，但事实上这是不可能的，尤其在文字创造的时候。中国文字是用象形、指事、会意和形声的方法创造的，它主要的是表义。这样的方法不可能把语言里所有词的词义都用字形表示出来，因为有许多抽象的、无形的东西无法用字形来表示。例如颜色，便不能用字形来表示。又如我国语言里有许多语助词，几乎没有具体的词义可言，也绝不可能用字形来表示。这类词只能假借同声音的字。社会是不断发展的，新的事物不断产生，语言里的词汇也随之而日益增多。这样产生出来的新的词也不可能都创造新字来表示，有许多也只能假借同声音的字，所以假借字是很多的。

清代段玉裁、王念孙、王引之等创为同音通假之说。他们认为假借有两种：一种是『六书』的假借；一种是古书里的同音通用。王引之说：『许氏说文论「六书」假借曰：本无其字，依声托事，令长是也。盖无本字而后假借他字，此谓造作文字之始也。至于经典古字，声近而通，则有不限于无字之假借者。往往本字见存，而古本则不用本字而用同声之字。』（经义述闻经文假借条）郝懿行说：『凡声同之字古多通用。』（尔雅义疏）

这种学说影响很大，一百多年来一直支配着中国文字学和训诂学的研究。研究中国文字学和训诂学者几乎无不以他们这种学说为指导，把它奉为圭臬，像胡适之流甚至把它说成是科学。近几十年来，研究甲骨文和金文的学者也用这种学说解释甲骨文和金文。其实段、王等人的这种学说是否正确是非常值得怀疑的。他们这种学说实纯粹是唯心主义形而上学的，不论理论上或根据上都是错误的，不足信的。

我们觉得，要研究通假，首先须要弄清楚什么是通假。段玉裁、王念孙等认为通假就是声音相同的字、古音同部的字通用。这是不明确的，是含糊不清的。我们认为通假应该是这样，即语言中的一个词用两个或两个以上音同形不同的字来表示，这两个或两个以上的字称为通假。通假既是这样，那么，我们可以知道，这两个或两个以上的字只有表示这个词的时候才通用，在其他地方便不能通用。因为假借字除了它的假借义以外，还有它的本义或引申义，当它们各用其本义或引申义的时候便不能通用。例如『佯』这个词，在古书中有的假用『詳』字。史记秦本纪：『晋人患随会在秦为乱，乃使魏雠馀詳反，合谋会。』史记楚世家：『张仪至秦，詳醉坠车，称病不出三月。』或又假用『陽』字。汉书匈奴传：『于是冒顿陽败走，诱汉兵。』『詳』和『陽』通用，但『詳』和『陽』只有表示『佯』这个词的时候才通用，太陽、阴陽便不能用『詳』，詳审、詳细便不能用『陽』。由此可知，通假是有一定范围的，并不是只要声音相同便到处可以通用。所以『凡声同之字古多通用』这种说法是说不通的。『佯』这个词原是假用『詳』，后因这样容易混淆，所以又改用『人』旁作『佯』。这也绝不是『佯』是本字，用『詳』和『陽』是不用本字而用借字。这乃是文字演变的结果。

古书里有许多字通用。这有各种不同的情况，须要作具体的分析。有许多字实际乃是在文字演变发展中形成的异体字，或者古今字，它们通用并不是同声假借，也不是不用本字而用借字。我们试就段玉裁、王念孙等所说的通假字举几个例子来说。

段玉裁说：『古多假有为又。』（说文『有』字注）王念孙说：『凡经传又字多作有。楚世家：「处既形便，势有地利。有亦读为又。」……乐毅传：「恐伤先王之明，有害足下之义。有亦读为又。」……』（读书杂志）易豫六三：『迟有悔。』王引之说：『此有当读为又，古字又与有通。』（经义述闻迟有悔条）在古书里，『有』读为『又』的例子很多。如荀子性恶篇：『今诚以人之性固正理平治邪？则有恶用圣王？恶用礼义矣哉？』正名篇：『有当观其隐而难察者。』杨倞都说：『有读为又。』

『有』和『又』通用，实不是假『有』为『又』，『有』和『又』实原就是一个字。由于文字的演变，『又』孳乳为『有』，乃成为形不相同的字。『有』这个字在早期的卜辞里作『㞢』。如：『贞，亩王往伐舌方，受㞢又。』（后上一六·一）『壬子卜，賓贞，皁气步伐舌方，受㞢又，十二月。』（粹一〇七二）『㞢』字的字形所表示的是什么意思，何以义为有，是『有』字的本义还是假借义，现在已不得而知，从字形上看不出来。祖甲以后的卜辞都假用『又』字。如：『叀翊日戊又大雨。叀辛又大雨。』（粹六七六）金文也多用『又』为『有』。如赵曹鼎：『隹十又五年五月。』虢季子白盘：『孔显又光。』陈侯午錞：『保又齐邦。』但金文又有『有』字。如盂鼎：『文王受天有大令。』『匍有四方。』毛公鼎：『临保我有周。』陈侯因资錞：『保有齐邦。』说文云：『有，不宜有也。春秋传曰：「日月有食之。」从月又声。』这实是错误的。金文『有』字乃是从『又』从『夕』，而不是从『月』。『有』实是『又』加『夕』而成的。『有』和『又』即是一个字，当然通用，不能说是假借。

尚书禹贡：『禹敷土。』史记夏本纪作『禹傅土。』王引之说是『假傅为敷』。（经义述闻禹敷土条）『傅』和『敷』通用，我们以为这也是字形的演变而不是假借，换句话说，『傅』和『敷』也即是一个字。这个字的初文实为『尃』字。说文：『尃，布也。』毛公鼎：『雩之庶出入事于外，尃命尃政。』又：『厤自今出入尃命于外。』『尃』义都为布。史记司马相如列传：『旁魄四塞，云尃雾散。』又：『匪唯偏我，氾尃护之。』徐广云：『古布字作尃。』『敷』和『傅』义也为布。诗长发：『敷政优优。』昭公二十年左传引作『布政优优』。汉书陈汤传：『明日，前至郅支城都赖水上，离城三里止营傅陈。』师古云：『傅读曰敷。敷，布也。』『敷』和『傅』实都是由『尃』演变的，只是增加不同的偏旁而已。这个字又有用『布』的。如上举『敷政优优』，左传作『布政优优』，『云尃雾散』『氾尃护之』，汉书作『云布雾散』『氾布护之』。又禹贡『篠簜既敷』，史记夏本纪作『竹箭既布』。这都是因为『尃』和『敷』义为布，后世改的。这也就是古今用字不同，不是同音假借。

说文：『賚，赐也，从贝来声。周书曰：「賚尔秬鬯。」』段玉裁云：『大雅传云：「釐，赐也。」釐者賚之假借也。』『賚』和『釐』实也原即是一个字，由于文字演变，致字形不同。福釐之『釐』金文最早用『𠭯』字。毓祖丁卣：『辛亥，王在廙，降。今日归福于我多高□，易𠭯，用作毓祖丁障□。』毓祖丁卣是商器。商代用『𠭯』为『釐』。周代金文作『𧸐』『𧸐』『𡦹』『孷』『釐』等形。

大克鼎：『易𧸐无疆。』

者減钟：『用旂眉寿繁𡦹于其皇祖皇考。』

叔向父簋：『降余多福繁孷。』

秦公钟：『以受屯鲁多釐。』

这几个字可见都是『𠩺』加不同的偏旁的。『𧸐』和『孷』是加『贝』加『子』表义。这是表示有财有子是福。这反映了周代人们的思想。『釐』则是加『里』表声的。说文『釐，从里𠩺声』，可知是错误的。如是『从里𠩺声』，则当以『里』表义，这是说不通的。『𧸐』和『釐』义都为赐。敔簋：『王蔑敔曆，使尹氏受𧸐。』𤔫卣：『王饮西宫，登，咸釐。』这更足证『𧸐』和『釐』即是一个字。『赉』字很明显是『𧸐』字之省。『赉』和『釐』是一个字，自然可以通用。

朱骏声说文通训定声：『从，相听也。从二人……假借为從。』又云：『從，随行也。从辵从从，会意，假借为从。』上面已经说过，『从』和『從』即是一个字，此字初只作『从』，象一个人跟随另一个人之形，义为随行。后加『辵』旁作『從』，二字通用，不是假借。其义为听从乃是引申。

尔雅释诂：『蘦，落也。』郝懿行云：『「蘦者亦假音也。」说文云：「零，馀雨也。」按零落宜用此字。故诗：「靈雨既零。」毛传：「零，落也。」「零雨其濛」，说文引作「霝雨其濛」。又通作苓。礼记王制：「草木零落。」释文云：「零又作苓。」尔雅释文：「蘦字或作苓。又通作泠。」樊敏碑云：「士女涕泠。」张公碑云：「天时和兮甘露泠。」是零为正体，霝亦通用，蘦、苓、泠俱假音。』（尔雅义疏）

这也是不正确的。这几个字通用也是文字演变的结果，而不是假音。

说文：『霝，雨零也。从雨㗊，象零形。诗曰：霝雨其濛。』金文也有『霝』字，作『霝』，实象雨降落之形。『霝』必是零落字的本字。尔雅作『蘦』，当是后世加『艸』的。说文引诗『霝雨其濛』，是诗豳风东山之诗，今诗作『零雨其濛』。这也是后世改的。

广雅释言：『霝，令也。』金文『霝』字多假用为令善之『令』。

颂鼎：『颂其万年眉寿，畯臣天子霝冬。』

小克鼎：『用匄康勵屯右眉寿霝冬。』

微䜌鼎：『用易康勵鲁休屯右眉寿永令霝冬。』

不嬰簋：『用匄多福眉寿无疆永屯霝冬。』

『霝冬』显就是『令终』。尔雅释诂云：『令，善也。』令善之『令』，最初假用『霝』字，后世改用『令』字。『霝』和『令』乃是时代不同，用字不同，也就是所谓古今字。因为『霝』

字改用『令』字，于是霝落之『霝』也改用『令』为声旁，便成为『零』字。说文有『軨』字，重文『轜』，这显也是『轜』改用『令』为声旁的。说文云：『蘦，大苦也。』又云：『苦，大苦，苓也。』『蘦』和『苓』为一物。这也必是『蘦』字改以『令』为声旁的。以『霝』为声的字多改用『令』为声。由此更足以证明『零』必是『霝』字改用『令』为声旁的。『泠』和『零』通用，乃是由于传写增加不同的偏旁。广雅释诂云：『靈，善也。』『靈』和『霝』也应是一个字。『靈』是由『霝』孳乳的。

诗沔水：『心之忧矣，不可弭忘。』诗有女同车：『德音不忘。』诗蓼萧：『寿考不忘。』王引之说这是『借忘为亡，亡犹已也』。（经义述闻曷维其亡及经文假借条）诗角弓：『至于已斯亡。』战国策赵策：『秦之欲伐韩梁，东窥于周室，甚惟寐亡之。』韩非子难二：『晋文公慕于齐女而亡归。』王引之云：『借亡为忘。』（经义述闻经文假借及至于已斯亡条）我们认为『亡』和『忘』通用也是因为二字原即是一个字。在金文里这两个字也通用。叔家父簠：『用旂眉寿无疆，悊德不亡。』骉羌钟：『文武咸刺，永世毋忘。』陈侯午錞：『保又齐邦，永世毋忘。』『忘』与『亡』通用。遗忘之『忘』初盖只假用『亡』字，后加『心』为『忘』。

尚书尧典：『光被四表。』汉魏人引书或作『横被四表』，或又作『廣被四表』。伪孔传云：『光，充也。』尔雅释言：『桄，充也，义与「光」同。』释文云：『桄，孙作光。』『桄』和『光』一字。王引之说：『光被之光作横，又作廣，字异而声义同。』又说：『光、桄、横古同声而通用。』

我们认为这几个字通用也是文字演变的结果，而不仅仅是同声假借。『光被』之『光』最初实作『廣』，后世改用『光』。『横』是『廣』字之变，『桄』是『横』字改以『光』为声旁的。

叔向父簋：『廣启禹身，勖于永令。』士父钟：『用廣启士父身。』襄公十年左传：『君若犹镇抚宋国，而以偪阳光启寡君，群臣安矣，其何贶如之。』国语郑语：『夫其子孙必光启土，不可偪也。』『光启』显就是『廣启』。由此可知，最初是用『廣』字，后世改用『光』字。

襄公十八年左传：『齐侯御诸平阴，堑防门而守之廣里。』『廣里』后汉书郡国志作『光里』。水经注河水：『今防门北有光里。齐人言廣音与光同。即春秋所谓守之廣里也。』据此，『光里』原作『廣里』，后因齐人的方言改称『光里』，这又可知『廣』后世改用『光』。

说文『觵』字重文作『觥』，『纊』字重文作『絖』。『黄』和『廣』都用『光』。说文云：『俗觵从光。』由此更可知『光』乃是汉代改的。

扬雄甘泉赋：『北爌幽都。』师古云：『爌古晃字。』『爌』文选作『熿』。李善云：『熿与晃音义同。』『爌』和『熿』也改从『光』。根据这些例证，『廣』和『光』确是古今用字的不同。『爌』可以省作『熿』，『横』也当是『廣』字的省变。『觵』『纊』『爌』都改用『光』为声旁，『桄』也必是『横』改用『光』为声旁的。这些字可以说是汉代文字的简化。

这类字很多，不再多举。这类字实际上都是文字发展演变中或者增加义旁、或者改换义旁、或者增加声旁、或者改换声旁形成的异体字，或者是古今用字不同。它们通用并不是不用本字而用借字，也不是因为同声而就通用。段玉裁、王念孙等把这类字都当作同声通假，并且以这类字为主要的根据建立他们同声通假的学说，岂非可笑！

郑玄说：『其始书之也，仓卒无其字，或以音类比方，假借为之，趣于近之而已。受之者非一邦之人，人用其乡，同言异字，同字异言，于兹遂生矣。』（经典释文序引）『同音异字』就是通用，『同字异言』就是一字数义，也就是除了本义之外还有假借义。按照郑玄的说法，通用之产生有的是由于各地方言不同，假用的字不同。这种情形在古书里是有的。如上面所说『廣』字，齐人的方言『廣』音与『光』同，便用『光』字，就是个很好的例子。又如『殷』，中庸作『衣』。高诱云：『今兖州人谓殷氏皆曰衣。』（吕氏春秋慎大览注）『螽』公羊传作『蝝』。这都是因方言不同，用字不同。这类字也绝不只是因为同音便通用的，所以『凡声同之字古多通用』是不符合事实的，是不正确的。

段玉裁和王念孙等又创为音同义同、形声字声中有义之说。这也是错误的。这和上面所说的一样，是错误地把在文字发展演变中形成的异体字说成是音同义同和声中有义。

说文：『譒，敷也，从言番声。商书曰：「王譒告之。」』段玉裁云：『手部播一曰布也，此与播音义同。』说文：『播，种也。一曰布也。从手番声。敽，古文播。』『王譒告之』是尚书盘庚文，今尚书作『播』。『譒』和『播』实就是一个字。这个字古文作『敽』，后世改用不同的义旁作『譒』和『播』。

说文：『遦，习也，从辵貫声。』段玉裁云：『与手部摜音义同。』说文：『摜，习也，从手貫声。春秋传曰：「摜渎鬼神。」』段玉裁云：『此与辵部遦音义同，古多假貫为之。』『摜渎鬼神』是昭公二十六年左传文，今作『貫渎鬼神』。杜预云：『貫，习也。』习慣今又作『慣』。玄应一切经音义（卷九十九法生阿毗昙论）云：『慣又作串、摜、遦三形。』可知『串』『貫』『遦』『摜』和『慣』实都是一个字，不是什么音同义同。其字形不同，乃是文字演变的结果。这个字我疑最初是甲骨文『中』字。『中』演变为『串』及『毌』。由『毌』演变为『貫』，后加不同的偏旁成为『遦』『遦』及『慣』等。其义为习慣乃是由贯穿、一贯引申的，而不是假借。

说文：『濃，露多也。』段玉裁注云：『小雅蓼萧传曰：「濃濃，厚貌。」按酉部曰：「醲，厚酒也。」衣部曰：「襛，衣厚皃。」凡農声字，皆训厚。』此外『農』和『膿』也训厚。尚书洪范：『農有八政。』伪孔传云：『農，厚也。』枚乘七发：『甘脆肥膿。』李善注云：『膿，厚之谓也。』『濃』『醲』『襛』『農』『膿』都训厚，这并不是什么声中有义。这几个字实就是一个字，是由于增加不同的偏旁，形成不同的字形。这几个字在语言里是同一个词。这就是在语言里谓厚为濃，不论是露厚、衣厚、酒厚、肉味厚都谓濃。我们今天语言里还是谓厚为濃。『濃』这个词没有本字，只有假借同音的字。这个字最初盖是假用『農』字，后来因为用在不同的地方，于是加上不同的义旁。露水厚，加上『水』旁；衣服厚，加上『衣』旁；酒厚，加上『酉』旁；肉味厚，加上『肉』旁。这实际是和前面所说的假借字加义旁是一样的。

说文『漮』字，段玉裁注云：『释诂曰：「漮，虚也。」虚，师古引作空。康者，谷皮中空之谓。故从康之字皆训为虚。㱂下曰：「饥虚也。」㝩下曰：「屋㝩㝗也。」诗：「酌彼康爵。」笺云：「康，虚也。」方言曰：「㝩，空也。」长门赋：「槺梁，虚梁也。」急就篇颜注曰：「𨍉谓舆中空处所用载物也。」』『康』『漮』『㱂』『㝩』『𨍉』都训空。这也是语言里的同一个词。在语言里谓空为康。『康』即今『糠』字，其本义是谷皮，引申为空虚，后人因为用在不同的地方加上不同的偏旁，形成不同的字形。这几个字实也就是同一个字。

宋代王圣美有『右文说』，认为文字凡右文相同者，义也相同或相近。所谓右文，即形声字的声旁，形声字的声旁大多在字的右边，所以称之为右文。这种说法和段玉裁等形声字声中有义及音同义同之说实是一样的。

形声字声旁相同，字义是否一定相同呢？当然不能这样说。例如，『逾』『踰』『隃』三个字都以『俞』为声旁，字义相同，可以通用。而『瑜』『谕』『愈』『渝』『输』『媮』等字也都以『俞』为声旁，字义便不相同。由此可知，我们不能笼统地说形声字声旁相同义也相同。这种情况必须要具体分析。『逾』『踰』『隃』三个字字义相同，能够通用，是因为它们在语言里是同一个词，也即用一个字，只因为所加的偏旁不同，字形不同。『瑜』『谕』『愈』『渝』『输』『媮』

等义之所以不同，是因为它们在语言里不是同一个词。这些字只是以『俞』表声的。

段玉裁等之所以有这样的错误，是因为他们只看到文字的声音，不知道文字和语言的关系，把文字和语言割裂开来，单从声音上推测字义。同时，对于字形又不从演变发展上作具体的研究，以为字形不同，便是不同的字。这样就必然要产生牵强附会的臆说，作错误的解释。

段玉裁和王念孙等又创为『文字起于声音』『就古音以求古义』『不限形体』之说。段玉裁云：『文字起于声音。』（六书音韵表）又说：『治经莫切于得义，得义莫切于得音。』（广雅疏证序）王念孙云：『窃以训诂之旨，本于声音。故有声同字异，声近义同……今则就古音以求古义，引申触类，不限形体。』

这种说法也是错误的。文字是语言的符号。语言诚然是有声音的，但语言不只是声音，还有语意，最主要的是语意。马克思主义告诉我们，语言是思维的工具。语言和思维是统一的。思维是思想意识，语言是表达思想意识的。语言最主要的是词意而不是声音。语言是社会交际的工具，是传达思想的，人要用语言把自己的思想传达给别人，使别人知道。由此也可知，语言最主要的是语意而不是声音。文字是语言的符号，主要也是表达语言的语意而不是表达语言的声音。在文字创造的时候，都是用字形表示语意的。中国文字有象形、指事、会意和形声，这更明白地说明文字是表意的。如果像段玉裁所说，文字起于声音，那还有什么象形、指事、会意和形声可言呢？如果像王念孙所说『就古音以求古义』『不限形体』，那文字的字形也没有作用了，文字的字形既不起作用，那还成什么文字呢?!

段玉裁、王念孙等之所以产生这种错误，主要的原因是他们的出发点是错误的。他们的出发点是错误的，再加上他们形而上学的观点和方法，于是便形成了这种错误的理论。

我们知道，段玉裁和王念孙等最初都是研究音韵的，他们的学说都是由他们的音韵学而来。他们研究音韵实只是研究古音，他们研究古音实只是研究古音的分部。段玉裁分古音为十七部，王念孙分古音为二十一部。他们就以此为纲领建立他们的学说。他们看到古书里有许多同音字可以通用，这些字又大多数古音同属一部，因此，便认为同音字便可以通假。段玉裁说：『十七部为假借、转注之维纲。学者必知十七部之分，然后可知十七部之合。知其分知其合，然后可以尽求古经传之假借、转注而无疑义。』（六书音韵表）又说：『十七部为音韵，音韵明而六书明，六书明而古经传无不可通。玉裁之为是书，盖将使学者循是以知假借、转注而于古经传无疑义。』（寄戴东原先生书）由此可知，他们的通假之说是由古音分部而来。他们又因为看到许多通用字古音多同部，所以又推想音同义同，声中有义和文字起于声音。段玉裁先著六书音韵表，创为此说，后著说文解字注，便将这种学说用于注释说文。王念孙说文解字段注序说：『吾友段氏若膺，于古音之条理，察之精，剖之密，尝为六书音韵表，立十七部以综核之。因是为说文注。形声读若，一以十七部之远近分合求之，而声音之道大明。于许氏之说正义借义，知其典要，观其会通……而训诂之道大明。』这就可以看出段玉裁学说的来源和要点。

这种方法是何等不合理！他们所说同声通假、音同义同、声中有义，不是具体地分析研究许多字归纳出来的，而只是从古音分部推衍出来的。这种方法显然是不科学的，而且他们的推衍也是不合逻辑的。假借是假声的。通假的字不是同音（叠韵，同韵部），便是同声（双声，同声母），或者是声音相近。段玉裁说：『凡假借必同部、同音。』（说文『丕』字注）这句话虽不完全对，也不完全错，因为假借字有许多是同韵部的。但是，反过来，能不能说凡是声音相同的字，凡是同韵部的字便都能通用呢？显然不能这样说。因为这是个逆定理，是不能成立的。而事实上，也从不见同韵部的字都可以通用。但段玉裁等的同声通假之说，郝懿行说『凡同声之字古多通用』，以及讲通假的，实际上都是用这个逆定理。他们的学说是错误的，由此明白可见。

段玉裁和王念孙等的这种学说，一百多年来一直支配着中国文字学的研究，在中国文字学的研究上造成许多不良的影响，尤其对甲骨文和金文的研究造成许多混乱。自从孙诒让、王国维以来，有不少研究中国古文字学的学者都运用这种学说解释甲骨文和金文。他们动辄便说『某字与某字古音同部，可以通用』，或者说『以声类求之』某字当假为某字。一个字可以有几种通假，各说各的，愈说愈歧，愈说愈乱，得不到正确的解释。铜器铭辞，只要字数稍多一点，几乎没有一篇解释得文从字顺、辞义了然的。这固然由于有些字还不认识，但以段、王错误的学说为指导，不能不说是个重要的原因。段玉裁、王念孙和王引之等学术上的成就我们不能否认，尤其王念孙和王引之对于许多字考证的精到对于我们研究中国文字学、训诂学实大有帮助，足以供我们参考。但他们理论的错误和形而上学的观点和思想方法则必须要指出，予以批判，清除其不良的影响。

四

中国文字是相当复杂的，一个字可以有几种字形。哪一种是最早的字形，哪一种是经过演变形成的字形，是怎样演变的，这些必须要弄清楚。否则，用已经演变的字形解释其本义，必定错误。一个字可以有几种字义，哪一种是最初的本义，哪一种是引申义，哪一种是假借义，也必须要弄清楚。否则，如以引申义或假借义为本义，或以本义为引申义或假借义，则必定错误。又有通用，也就是数字一义。这种数字一义是怎样形成的？再加上时代不同，用字不同，仓促之间写错别字及辗转传抄的错误，这中间的关系是非常错综复杂的。这种错综复杂的关系，绝非仅仅简单地用『六书』或同声通假所能解决的，只有对各个字作历史的研究，考察其演变发展的原委，才能认识清楚。上面我们已经举了许多字，可以看到用这种方法是比较正确的。现在我们再举一个字来说一说。

说文云：『菑，不耕田也，从艸甾。易曰：「不菑畬。」甾，菑或省艸。』这个字过去解释很多，意见都不一致。这个字的字形，徐锴说，旧作从艸甾声，是个形声字。他说：『当言从𡿧从田，田不耕则草塞之，故从草。』（说文系传）段玉裁说：『从艸田，𡿧声。』这个字的字义，尔雅释地云：『一岁田曰菑。』郭璞云：『今江东呼初耕地反草为菑。』易无妄六二：『不菑畬。』释文云：『董云：反草也。』尚书大诰：『厥父菑。』疏云：『其父菑耕其田，杀其草。』诗采芑疏引孙炎云：『菑，始灾杀其草也。』清代陈鳣云：『说文「不耕田」，不当为才，才耕田，谓始耕也。』（说文解字段注引）段玉裁云：『不当为反之误。』王念孙云：『菑之言傳也。』（广雅疏证）又云『菑可训立』『义与傳同』。（经义述闻『菑』字条）王筠云：『田而为艸所宅，为水所淹，是不耕也。』古书『菑』字多用为灾祸、灾害字。

对于这个字解释这样纷歧，可见他们对于这个字都没有正确地了解。他们这些解释都是想象和乱猜，甚至根本就不通。旧时封建地主阶级的文人都是脱离生产劳动的，他们四体不勤、五谷不分，不知道田怎么种法，对于农业劳动的语言词汇根本就不懂。他们这些解释就都是对农业生产劳动毫无知识的信口乱道。如果我们对这个字作历史的研究，找出它演变发展的原委，那我们对这个字，不论字形或字义，便都可以看得很清楚，解释便可以畅通无碍。

甲骨文有『』『』『』『』『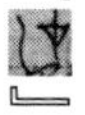』等字。这几个字在卜辞中都用为灾祸、灾害之『灾』。『』或又作『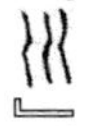』，显然就是说文的『𡿧』字。说文云：『𡿧，害也，从一雝川。』从字形看，这个字盖是象大水泛滥成灾之意。说文谓『从一雝川』是不正确的。『』即『𢦏』字，其用为灾害字乃是假借。『』或又作『』，应是形声字。『』是『𡿧』之省，『』是表

声的。或又只用『[glyph]』，也应是假借。这三个字在卜辞中使用的时期前后不同。武丁时用『[glyph]』。祖甲、廪辛、康丁时多用『巛』。武乙时代用『𢦏』。帝乙、帝辛时代则多用『[glyph]』或『[glyph]』。这几个字通用乃是因时代而异，并非只是同声通假。

说文云：『烖，天火曰烖，从火𢦏声。灾，或从宀火。灾，古文从才。災，籀文从巛。』这几个字，很明显，正是从『𢦏』『巛』和『[glyph]』『[glyph]』『[glyph]』演变的。『𢦏』加『火』演变为『烖』；『巛』加『火』演变为『災』；『[glyph]』加『火』变为『灾』。『灾』当是『烖』或『災』之省变。我们认为『甾』和『菑』也都是从『巛』演变而来的。『巛』演变为『甾』，『甾』加『艸』便成为『菑』。在古书里『甾』和『菑』都用为災祸、災害字，原因即在于此。

『菑』作为农业劳动字，实和『栽』同义，换句话说，和『栽』是同一个词。这是因为在卜辞里『巛』和『𢦏』通用，所以『菑』也用为『栽』。说文云：『𢦏，伤也。从戈才声。』我们认为这个字实就是栽种之『栽』的初字。这个字甲骨文作『[glyph]』，从『[glyph]』从『[glyph]』。『[glyph]』象用锹臿刺地之形。『[glyph]』象锹的形状，中间直画是表示臿地之意。『[glyph]』象有横柄，当是锄一类的农器。这个字即『代』『忒』『貣』用为声旁之『弋』，不是弋射之『弋』，也不是干戈之『戈』。『代』『忒』『貣』以此为声旁，这个字的读音我们认为应和『棏』『⿰木寺』相同。我们家乡芜湖用锄掘地、掘田现在还说『棏地』『棏田』。其本字应就是『弋』。『[glyph]』字是表示用锄栽种，是个会意字，不是形声字。后加『木』表义，乃成为『栽』字。『菑』义也为『栽』。诗大田：『以我覃耜，俶载南亩。』郑玄云：『俶载当作熾菑。农夫既耘除草木根株，乃更以利耜熾菑之而后种。』郑玄读『俶载』为『熾菑』。『载』和『栽』通用。诗緜：『其绳其直，缩版以载。』马瑞辰云：『载通作栽。』说文：『栽，筑墙长版也。』『载』和『栽』都是由『𢦏』孳乳的，所以通用。『菑』和『栽』通用，也即『菑』和『载』通用。可知『菑』义当和『栽』相同。尚书大诰：『厥父菑，厥子乃弗肯播，矧肯获？』『菑』义也显为栽。这是说父亲栽种田，儿子播种都不肯，还肯收获吗？考工记轮人注：『郑司农云：「泰山、平原所树立物为菑。」』『菑』义也为栽。现在我们仍说树立为栽。如树立电线杆，可以说栽电线杆。汉书沟洫志：『隤林竹兮楗石菑。』师古云：『石菑谓臿石立之，然后以土就填塞也，菑亦臿耳。』『菑』和『臿』义相同。臿也就是栽。现在我们说『栽』，也可以说『插』。如『栽秧』也可以说『插秧』。王念孙说『菑可以训立』，是不知道『菑』和『栽』即同一个词。

这个字演变的历史既研究清楚了，不仅这个字的字义明白了，其他有些问题也因之可以了解。

汉书地理志：『梁国甾，故戴国。』郡国志：『陈留郡考城，故菑。』刘昭云：『古戴国。』『戴』何以改名为菑呢？洪亮吉说是因『菑』和『戴』二字音同。（春秋左传诂）我们认为这也是因为二字原即义同通用的缘故。『戴』即是『𢦏』。『戴』是由『𢦏』孳乳的。铜器有𢦏叔朕鼎、𢦏叔庆父鬲。郭沫若谓𢦏就是戴。卜辞有『𢦏方』。『王固曰：吉，𢀛。之日，𢀛𢦏方。十三月。』（乙缀一六八）当也就是戴国。『戴』隐公十年春秋经作『載』。说文作『㦰』，『戴』『載』和『㦰』，都是由『𢦔』演变的。『菑』和『𢦔』义同通用，所以后世又称𢦔为菑。

又『缁』又可作『纣』。玉篇：『纣，同缁。』礼记檀弓：『爵弁经纣衣。』释文云：『纣本作缁。』『缁』何以又作『纣』呢？这也是因为卜辞『巛』和『[古文字]』（才）、『[古文字]』、『[古文字]』（汏）通用的缘故。这两个字在卜辞里通用，『巛』后演变为『甾』，和『才』仍可以通用。

还有『𢦔』『哉』『才』通用。

儆儿钟：『于乎，敬哉！余义楚之良臣。』

禹鼎：『哀𢦔！同天降大丧于□国。』

师訇簋：『哀才！今天疾畏降丧。』

班簋：『允才！显唯敬德。』

尔雅释诂：『哉，始也。』疏云：『哉者，古文作才。』

又『才』『财』『材』『裁』通用。汉书王贡两龚鲍传：『君平卜筮于成都市，裁日阅数人。』师古云：『裁与才同。』汉书霍光传：『光为人沉静详审，财七尺三寸。』汉书匈奴传：『郅支人众中寒道死，余财三千到康居。』师古并云：『财与纔同。』说文云：『仅，材能也。』『才』『财』『材』『裁』『纔』义都为仅，通用。汉书司马迁传：『及罪至罔加，不能引决自财。』师古云：『财与裁同。』汉书翼奉传：『唯陛下财察。』汉书王吉传：『唯陛下财择焉。』

师古并云：『财与裁同。』裁察、裁择字可以用『财』。这些字之所以能够通用，也是由于『才』『□』『汷』和『𢦏』通用。『财』和『裁』是由『才』和『𢦏』演变的，所以也通用。『纔』字则是后世改用的。

又『在』字可以训察。尔雅释诂：『在，察也。』尚书尧典：『平在朔易。』伪孔传云：『平均在察其政。』舜典：『在璿玑玉衡。』伪孔传云：『在，察也。』诗文王：『文王陟降，在帝左右。』笺云：『在，察也。』逸周书大聚解：『王亲察在。』孔晁云：『在，察也。』『在』字义何以为察呢？郝懿行云：『在察一声之转。』（尔雅义疏）『在』义为察实是因为『在』即『才』字，也即甲骨文和金文的『□』字。『才』和『裁』通用，所以『在』义为察。

『𡿧』演变为『菑』和『葘』。

『𢦏』演变为『烖』『栽』『戴』『載』和『裁』。

『□』隶变为『才』，孳乳为『在』『财』和『材』。

因为『𡿧』『𢦏』『才』三个字在卜辞里通用，所以后世由这三个字演变发展而来的字也多通用。

过去认为中国文字学是一门重要的学问。对中国古代文献的研究来说，中国文字学确实是很需要的。它可以帮助我们了解中国古代文献。尤其甲骨文和金文更直接关系到殷周……（原文缺失）

以上刊印的是胡澱咸先生有关中国古文字学的一些论述，原作都是独立的单篇。胡先生的原意是拟对清乾嘉以来在中国古文字学领域形而上学的错误的研究方法进行系统的批判，并力求建立自己的古文字研究理论体系。无奈天不假年，胡先生因病没能及时将这些单篇作总体的扩展、整合和精细化，以致宏愿未竟，留下深深的遗憾！

考释古文字的方法问题

任何一种学问都有其研究的方法，中国古文字学也应不例外。研究中国古文字应该用什么方法？哪种方法是正确的？凡是对中国古文字稍事涉猎或研究的人几无不有这样的问题，感到困难。在古文字考释上还存在不少问题。如认识字进展缓慢，在字形上已经认识的字，其本义为何，或在卜辞或铜器铭辞中是什么意思，有许多还不清楚或解释不正确，有许多不免是附会、曲解。这都与方法有关。

目前，要提出一个合乎科学的考释古文字的方法，还是很困难的。这里最根本的问题，我觉得还是理论问题，即缺乏一个合乎科学的文字学理论。任何一种科学，都必须要有其自己的合乎科学的理论。用这种理论指导研究，才能有正确的方法。古文字学现在诚然已成为一门独立的学问，其研究的对象有一定范围，但中国古文字乃是汉字的一部分。从甲骨文到金文，到篆文，到隶书，到今天还使用着的楷书，一直续延未断，其演变发展是连续的，是个完整的文字体系。中国文字学必须有个科学的理论，古文字的研究也才能有科学的方法。而中国文字学却没有一个合乎科学的理论。

过去，中国文字学对文字没有一个科学的定义，研究的对象主要是什么也不明确。《说文序》

云：『仓颉之初作书，盖依类象形，故谓之文。其后形声相益，即谓之字。文者物象之本，字者言孳乳而浸多也。』这是对文字最早的解释。这显然没有说明文字的性质和作用。后世研究文字者根据这句话，设独体为文，合体为字，也没有说明文字的性质。对文字一个科学的定义都没有，对文字的性质和作用都未认识，自然就不知道应该研究什么，如何研究了。合乎科学的理论自然也就谈不上。

过去中国文字学都研究『六书』。『六书』是汉字造字和使用的方法，研究中国文字自然应该要懂得。但中国文字学是否应只研究『六书』呢？研究『六书』是否就是中国文字学呢？显然不能这样说。文字是语言的符号，有形、有声、有义，还有它作为语言符号的作用。研究『六书』，这些都还没有接触到，也即文字的实质它都没有接触到。

现在研究中国文字者又有人把汉字的形、声、义三者分开，文字学研究字形，训诂学研究字义，音韵学研究字音。以为文字学只研究汉字的形体，研究『古今形体演变的规律』，即研究汉字的起源、结构及甲骨文、金文、大篆、籀文、小篆、隶书、楷书、行书、草书等书体的演变。这实仍和研究『六书』一样，没有接触到文字是语言符号的性质和作用，严格地说，这不是文字学，而只是书法史所要研究的东西。这样研究，怎么能使中国文字学成为科学呢？

过去研究文字学都研究说文。他们以说文之说为准则，认为说文所收录的字都是正字，说文所说的字义都是本义。这样研究也不能使中国文字学走上科学的轨道。说文所收录的是篆文。篆文不是我国最早的文字，很多字已不是初形，而是已经改变了的字形，有的是孳乳的，有的是讹变的。其所说的字义很多是引申义或假借义，不是本义。还有许多是受当时统治阶级思想的影响而曲解的。根据已经改变了的字形推求本义，或根据引申义或假借义甚或曲解的字义解释已经改变了的字形，怎能得到正确的解释呢?!这必然要产生曲解、臆说。只根据说文研究汉字，条件是不够的，对汉字的演变发展的源流及其规律是难以认识清楚的。

自从古文字学兴起以后，尤其甲骨文发现以后，情况和以前不一样了。这使中国文字学的研究有了更好的材料和条件。甲骨文是接近于开始造字时的文字。其字形也保有开始造字时所表达的词义。从甲骨文到金文到篆文，中间没有中断，其演变发展的情况可以看到。甲骨文发现以后，汉字演变发展的源流及其规律便应该可以寻找。自从甲骨文发现以来，学者们对古文字的研究取得了很大的成绩。但因在方法上还没有摆脱旧的文字学、训诂学和音韵学的影响，对汉字演变发展也还没有提出新的理论。

研究古文字，从而寻求出汉字演变发展的规律，乃十分繁难之事。这里，我只想说一说我对考释古文字方法的一些想法。

文字是语言的符号，这是现在大家都公认的文字的科学的定义。我认为研究文字应当从这一点出发考虑。作为语言符号，文字有形、有声、有义，三者是个统一体，是不能分开的。研究汉字，不能离开义而只讲形，只讲形，那就失去其作为语言符号的性质；也不能离开形而只讲义，只讲义，那是训诂学，而不是文字学。我们只能把它作为语言的符号，形、声、义三者同时都研究。

汉字有形、有声、有义。首先要研究的是形，因为汉字及其演变发展都只有从字形上才能辨认。汉字的结构，除了象形字及少数指事字以外，绝大多数都是偏旁相配合组成的。会意字是用两个或两个以上的字相配合表示词义。形声字是用一个字表义，一个字表声。汉字这样用偏旁相配合构成文字，也用偏旁相配合的不同而演变、孳乳。这种偏旁的配合演变有没有规律可寻呢？

说文里有许多重文。重文就是异体字。这些重文无疑是在文字演变中形成的。因此，从这些重文我们可以看到汉字演变的一些情况。说文中的重文有两种：一种是古文和籀文，一种是篆文。古文和籀文是先秦的文字，秦始皇改革文字把这些文字改成篆文，原来的古文和籀文就不用了。说文收录了一些放在已经改革过的篆文后面作为重文。篆文重文就是篆文都有的异体字。

一 古文和籀文重文

①改换或简化义旁，如：

播 敽（古）；垣 𩏡（籀）

②改换或简化声旁，如：

宇　寓（籀）；退　徂　遽（籀）

③减省笔画，如：

裘　褎（籀）；屋　屋（籀）

④创造新字代替旧字，如：

帷　匿（古）；席　㡭（古）

二　篆文重文

①声旁相同，义旁不同，如：

玩　貦；茵　鞇

②义旁相同，声旁不同，如：

琨　瑻；梅　楳

③义旁和声旁都不同，如：

玭　蠙；寏　院

④增加义旁，如：

厷　肱；或　域

⑤减省笔画或偏旁，如：

瑁　珇；秫　术

⑥减省笔画，同时又改换偏旁，如：

𩱦　餗；𩰪　秬

⑦象形字和会意字改用形声字，如：

鬲　䣄；珏　瑴

这些重文是在汉字演变中形成的，反过来说，汉字也应按照这些形式演变。这些形式可以概括为下列几种：

①可以增加义旁；

②可以有不同的义旁；

③可以增加声旁；

④可以有不同的声旁；

⑤可以减省笔画和偏旁；

⑥可以义旁和声旁都不相同；

⑦可以创造新字代替旧字。

汉字的演变并不都是这样简单，有的可能一变再变，但其演变的基本形式不外乎这些。

汉字最多的是形声字。形声是汉字造字的方法之一。这种方法使用得很早，甲骨文已有形声字。后世有许多字确实是用这种方法创造的，但我们今天所见到的形声字却并非都是用这种方法创造的，有很多乃是在演变中因偏旁的增加或改换形成的。不论是象形字、会意字还是假借字，都可以增加义旁或声旁成为形声字。不仅形声字如此，会意字也同有增加偏旁形成的。

试举例来说。

说文：「匜，似羹魁，柄中有道可以注水酒，从匸也声。」「匜」字金文初只作「也」，是象匜的形状，是个象形字。后或加「皿」作「盅」，或加「金」作「鉇」，或加「金」和「皿」作「[illegible]」，篆文加「匸」作「匜」，成为形声字。

说文：「雞，知时畜也，从隹奚声。」「雞」字甲骨文最初只画个雞的形状，后加「奚」表声，也是象形字加偏旁成为形声字的。

说文：「得，行有所得也，从彳㝵声。㝵，古文省彳。」「得」字甲骨文初只作「」，和说文古文「㝵」相同，象以手持贝，表示获得之意，是会意字，后加「彳」作「得」。这是会意字加偏旁成为形声字。

说文：「俘，军所获也，从人孚声。」「俘」字金文作「孚」，从爪从子，表示用手捕捉人之意，后加「人」旁作「俘」。「俘」显然是会意字加偏旁成为形声字的。

假借字加偏旁成为形声字者更多。例如，「堇」字假用为：

『瑾』颂鼎：『反入堇章。』

『勤』㝬钟：『王肇遹省文武，堇疆土。』

『觐』女雙鼎：『女雙堇于王。』

『僅』汉书地理志：『豫章出黄金，然堇堇物之所有，取之不足以更费。』师古云：『堇读曰僅。』

『堇』后加不同的偏旁，便成为『瑾』『勤』『觐』『僅』等字。

假借是汉字的一种使用方法。这种方法用得很早，卜辞中就有不少假借字。这种方法的产生，是汉字造字的方法与汉语之间的矛盾使然的。汉字是表义的，是用象形、会意、指事、形声等方法创造的。这些方法不可能把汉语里所有的词都用字形表示出来。有许多抽象的、无形的东西就无法用字形表示。例如颜色，便不能用字形来表示。又如汉语中有许多语助词，是没有词汇意义的，也不可能用字形来表示。这类词只能假用声音与之相同或相近的字作为它的符号。

社会是不断发展的，不断有新的事物出现，语言中的词汇也随之而不断地增加。这些新出现的词不可能都创造新字作为符号，有许多也只有假用同音或音近的字。因此假借用得很多。假借字是一个字用为另一个词的符号，假借之后，义也便和原来的词义不同了。有的一个字可以假用为几个词的符号，于是一个字便有几种不同的字义。这样，很容易混淆。为避免混淆，后世乃加偏旁以示区别，于是便成为形、义都不同的新字。这样，一个字可以孳乳为几个字，汉字的数目也因而增加。假借字是很多的，因此这样形成的字也很多。对于汉字的发展，这是个重要的方面。

说文又有许多『亦声』字。这类字段玉裁说是会意兼形声，也是一种造字的方法。段玉裁说：『凡言亦声者，会意兼形声也。凡字有用六书之一者，有兼六书之二者。』（说文『吏』字注）这种『亦声』字有许多实际也只是加偏旁而已。

说文：『禮，履也，所以事神致福也，从示从豊，豊亦声。』『禮』字甲骨文和金文都作『豊』（豊）。说文也说『豊』『读与禮同』，『禮』显是『豊』加『示』旁的。

说文：『仲，中也，从人从中，中亦声。』『仲』字甲骨文和金文都作『中』，古书也多作『中』。『仲』显是后世加『人』旁的。

说文所说的会意字，有的也是加偏旁形成的。例如：

说文：『社，地主也，从示土。』『社』字甲骨文作『土』。因为社是土地之神，后世又加『示』旁。

说文：『位，列中庭之左右谓之位，从人立。』『位』金文作『立』字。『位』字显是后世加『人』旁的。

汉字的偏旁可以增加、改换，一个字因为增加或改换偏旁的不同，可以有几个不同的偏旁，形成不同的字形，又由于引申、假借，义有不同。后人不知道这种情况，便以为是不同的字。这样的字在古书里很多。例如：

神、魋。说文：『申，神也。』金文也用『申』为『神』。『申』就是『神』字的初文。『申』甲骨文作『』，本义为电，是象闪电的形状。大概因为雷电是自然界中最令人骇惧的现象，古人不知其缘故，以为冥冥中有一种伟大的威力，因而崇拜它。神的观念当即由此而来。『申』字金文加『示』表示神祇，便成为『神』字。说文：『魋，神也，从鬼申声。』山海经中山经：『青要之山，魋武罗司之。』郭璞云：『魋即神字。』『神』与『魋』显即是一个字，只是所加的偏旁不同而已，说文却把它分为两个字。

朢、望。说文：『朢，月满与日相朢，以朝君也。从月从臣从壬，壬，朝廷也。𦣠古文朢省。』又云：『望，出亡在外，望其还也，从亡，朢省声。』『朢』字甲骨文作『』，从目从土，是象人立在高处远望之意。金文用为朔望字，保卣：『才二月既𦣠。』后加『月』表义成『朢』。金文也有作『望』者，无惠鼎：『隹九月既望。』『望』当是『朢』之省变，即省去『臣』，加『亡』以表声。这显是因字形的演变改一字形成两种不同的字形，又因引申，义又微异，说文把它分为两个字，而对这个字的字义也不知其溯，只据改变了的字形和引申义，望文臆说。

上面我们对汉字的演变发展的情况作了一些考察。偏旁的增省、改换是汉字演变发展的重要法则。但有许多字始终没有偏旁的改变，又后世新造的字也没有这样的演变，但确有许多字从甲骨文到金文到篆文，是这样演变来的。

考释古文字必须首先要从字形上认识它，但这还不够，还必须要了解它的字义。一个字在字形上虽然认识了，如不知道它的字义，还等于没有认识，了解字义是更重要的。我们研究古文字，不只是为了认识甲骨文和金文而已，重要的是要读懂卜辞和铜器铭辞。这更非要了解字义不可。

我们研究甲骨文是一定要研究其本义的。这很重要，这不仅可以帮助我们正确地读通卜辞，而且对字义演变的了解也至关重要，一个字本义知道了，它以后的引申义便容易推知了。同时，文字是社会生活的反映，我们了解文字的本义，则可以由此推知这个字创造时的社会生活情况，就可以作为史料来使用。

我们研究古文字，还要读通卜辞和铜器铭辞。在卜辞和铜器铭辞中文字的字义不只是它的本义，有许多已是引申义或假借义，这也必须要考证清楚。因为只有这些字的字义得到正确的认识，这些卜辞和铜器铭辞的辞义，也即它所记述的内容是什么，才能正确地了解，才可以作为研究古代社会历史文化的史料。

考释古文字的字义现在还没有一个正确的方法，我们是否可以找出一些规则，使我们研究时，思考有个线索，有个范围呢？我想应该是可以的。

汉字字义之所以难研究，主要有两个原因：一是汉字的字形不都是始终一字一形，而是变化的，一个字可以有几个不同的形状；一是汉字的字义不都是一字一义，有的一字数义，有的数字一义，形成一种很复杂的现象。这种现象都是由于汉字的演变和使用形成的。过去学者不了解这一点，不能从演变发展上研究，不知其所以然，因此也就不能正确地解释这种现象，更无法把握这种现象。

文字是语言的符号，一个字之所以有几种不同的字义或几个字有同一种字义，都是由于文字的使用形成的。一个字的字义不外三种：一是本义，一是引申义，一是假借义。这都是在它使用中形成的，即它用作不同的词的符号形成的。本义是一个字本有的字义，即这个字造字时所代表的那个词的符号。引申义是本义的延伸，它的符号仍是原字。假借义是一个字假用为另外词的符号，它的字义便不是原来的字义，而是假用它作为符号的那个词的词义。它假用作几个词的符号，它就有几个不同的字义。这就形成了一字数义。从这种情况看，文字的使用实只有两种，即一是本字，一是假借。

从语言里的词方面看，一个词必须有一个字作为它的符号。这种符号的使用有几种不同的情况。有的一个词始终用一个字作为它的符号，如日、月、山、水；有的词原有自己的符号（本字），后又改用他字作为符号，如史记司马相如列传『云尃雾散』，汉书作『云布雾散』，这是先用『尃』字为符号，后改用『布』字为符号，后来古书里两个字都用，这就形成『尃』

『布』两字同义。有的词没有本字，即没有自己的符号，只能假用别的字作为符号，例如『無』这个词，甲骨文假用『亡』字，又用『毋』字，金文又假用『無』字，在古书里这三个字都用，这就形成『亡』『毋』『無』三个字同义。数字一义就是这样形成的。我们了解这种情况，对文字字义的考释就有线索可寻。

前面我们说，汉字在其演变中，增省或改换偏旁，一个字可以变为几个不同形的字，这实就是异体字。过去不知道，以为是不同的字。例如前举的『神』和『𩲡』、『朢』和『望』。这种字形虽不同，实即一字，字义相同。反过来，从同义字不也可以推知字形的演变吗？试举例来说。『又』字说文云：『又，手也。』即右手。右手字现在作『右』，『又』和『右』二字义同，我们可以推知『右』必是从『又』演变来的。说文云：『右，助也。』又云：『祐，助也。』诗大明：『保右尔命，燮伐大商。』传云：『右，助也。』释文云：『右音祐，字亦作佑。』汉书谷永传：『以昭保右。』孔光传：『天右与王者。』师古并云：『右读曰佑』。『右』『祐』『佑』义相同，我们可以推知『祐』『佑』都是由『右』孳乳的。

清代学者段玉裁和王念孙等创为『音同义同』『形声字声中有义』之说，我们认为这种说法是不正确的，这不是声音相同的问题。两个字字义相同，则声音必定相同，因为两个字字义相同，那它们就是同一个词的符号，既然是同一个词的符号，则它们的声音和字义就必与它们所代表的那个词的声音和词义相同，这两个字的音义当然相同。我们以为这乃是字形的演变。

说文：『遺，习也，从辵貫声。』段玉裁云：『此与手部摜音义同。』说文：『摜，习也，从手貫声。春秋传曰：摜渎鬼神。』段玉裁云：『此与辵部遺音义同。』『摜渎鬼神』是昭公二十六年左传文，今作『貫』。杜预云：『貫，习也。』习惯字今又作『惯』。玄应一切经音义云：『惯又作串、摜、遺三形。』可见『串』『貫』『摜』『遺』『惯』就是一个字，只是因增加的偏旁不同，形成不同的字形。

说文：『譒，敷也，从言番声。商书曰：王譒告之。』段玉裁云：『手部播一曰布也，与此音义同。』说文云：『播，种也，一曰布也，从手番声，敽古文播。』『王譒告之』是尚书盘庚文，今尚书作『播』，『譒』与『播』通用。『敽』『譒』『播』应就是一个字。『敽』是古文，『譒』『播』当是改换不同偏旁而成。

说文：『濃，露多也，从水農声。诗曰：「零露濃濃。」』段玉裁云：『小雅蓼萧传曰：「濃濃，厚貌。」按酉部曰：「醲，厚酒也。」衣部曰：「襛，衣厚皃。」凡農声字，皆训厚』。说文『襛』字段玉裁注云：『凡農声字皆训厚。醲，厚酒也，濃，露多也，襛，衣厚皃，引申为凡多厚之称。』说文：『醲，厚酒也。』段玉裁云：『洪范「次三日農用八政。」郑曰：農读为醲。然则凡厚皆得为醲也。』此外还有『膿』字，枚乘七发：『甘脆肥膿。』李善云：『膿，厚之谓也。』我以为这不是什么『農声字皆训厚』，这实是语言中的同一个词。在语言里谓厚为濃，不论露厚、衣厚、酒厚、肉味厚都说是濃。此外，如『濃云密布』『濃眉大眼』『濃妆淡抹』，『濃』都有厚的意思。这个词没有本字，所以假借『農』字。后世因用在不同的地方，人们加不同的偏旁以表义，于是形成不同的字形。

汉字是这样用偏旁的增省、改换而演变发展的，考释古文字时，掌握这个原则，考明这个字演变发展的原委，又从文字训诂以及其他古书中寻出这个字的字义及其演变，然后核之卜辞或铜器铭辞，看辞义是否通畅，辞句是否文从字顺，这样考释便可以比较正确了。

试举两个例子来说一下。

铜器有作册大鼎，铭辞云：『公束铸武王、成王异鼎。佳三月既生霸己丑，公赏作册大白马，大扬皇天尹大保室，用作祖丁宝隮彝。鸡册。』

『束』字有人释『束』，谓『公束』是人名，即下文之天尹大保。有人谓是『来』字。这两种解释显然皆难通。以『公束』为人名，即天尹大保，则作铸武王、成王异鼎者为天尹大保，与作册大无关，为什么天尹大保要赏他大白马呢？这前后文义不相接。此字释『来』，字形很清楚不合，文义仍和前说一样前后不接，所以也不正确。

从字形看，这个字无疑必是『束』字。我们查『束』及从『束』作的字，说文云：『束，木芒也，象形，凡束之属皆从束，读若刺。』又云：『茦，莿也。』又云：『莿，茦也。』又云：『刺，君杀大夫曰刺。刺，直伤也，从刀从束，束亦声。』尔雅释草云：『茦，刺。』郭璞注云：『草刺针也，关西谓之刺，燕北、朝鲜之间曰茦，见方言。』方言云：『凡草木刺人，北燕、朝鲜之间谓之茦，或谓之壮；自关而东谓之梗，或谓之刿；自关而西谓之刺；江湘之间谓之棘。』『朿』『茦』『莿』『刺』义都为刺，字义相同，『茦』『莿』『刺』必都是由『朿』孳乳的，即加不同的偏旁而成的。说文谓『刺』『朿亦声』。亦声字声旁多是初字，义旁是后加的，这更足以证明『茦』『莿』『刺』原即是一个字。『朿』是象形字，象草木芒之形，是个名词，后作动词用，引申为刺伤、刺杀。

从『朿』作的字还有『敇』及『策』字。说文云：『敇，击马也，从攴朿声。』又云：『策，马箠也，从竹朿声。』古书击马都用『策』字。策马实是用刺刺马，淮南子道应训高诱注云：『策，马捶，端有针以刺马，谓之錣。』韩非子外储说：『延陵卓子乘苍龙与翟文之乘，前则有错饰，后则利錣策，进则引之，退则策之，马前不得进，后不得退，遂避而逸。』『策』义也为刺，与『朿』『茦』『莿』『刺』相同。『敇』义为击，与『策』相同，当然义也为刺。『策』『敇』显也是『朿』加义旁的。『策』是击马的工具，『敇』是击，一个是名词，一个是动词，所以说文分为二字。定公八年公羊传：『阳越下取策，临南駷马。』何休注云：『捶马衔走。』释文云：『駷本又作樕字，字书无此字，相承用之。』『駷』和『樕』陆德明似已不认识。我们以为这乃是『策』和『敇』字的别构，也即所加的偏旁不同而已。

『朿』是『策』字的初字，则此辞辞义便可以讲得通。在这里『朿』义为策命。『公朿铸武王、成王异鼎』，公就是下文的大保，这是说大保命令作册大铸造武王、成王异鼎，鼎是作册大奉大保之命铸造的，大保以他有功，所以赏赐大白马，作册大颂扬大保之恩，制作此鼎。这样，铭辞便文从字顺，畅通无碍。

康侯鼎：『王朿伐商邑。』朿鼎：『王朿奠新邑。』『朿』读『策』也都可通。这是说命伐商，命定新邑。『朿』是『策』字的初字，更无可疑。

甲骨文有『各』字，或又作『各』，即『各』字。说文云：『各，异词也，从口夂，夂者，有行而止之，不相听也。』近世研究古文字者罗振玉说：『各，从夂，象足形，自外至，从口，自名也。此表格之本字。』（增订殷虚书契考释）。林义光说：『各，象二物相龃龉形。』（文源）杨树达说：『象足抵区域之形。』（积微居金文余说序）于省吾说：『象足陷入坎，故其本义为停止。』（甲骨文字释林）卜辞：『□□御各日』（粹一二七八），郭沫若谓：『各日犹出日。』

这些解释，很明显，都不免是想象之辞。这是没有仔细地研究，而只以『各』义为『异词』，或从『各』为『格』字，义为至而曲解字形的。

在铜器铭辞中，『各』与『络』『[辶各]』『洛』『客』等字通用。

望簋：『王在周康宫新宫，旦、王各大室。』

师虎簋：『王在杜[宀立]，络于大室。』

庚嬴卣：『王[辶各]于庚嬴宫。』

[阝奚]卣：『[阝奚]从公，[艹豕][皀见]洛于宫。』

师遽簋：『王在周，客新宫。』

利彝：『王客于般宫。』

方言：『络，至也。』『各』『逄』『洛』『客』等字在此义也显为至。这些字义相同，当是一个字的演变，由『各』孳乳的，即『各』加不同的偏旁形成的。『格』字义也为至，也必是源于『各』。

考『各』『络』『洛』又与『𩂣』通用。

善鼎：『余用各我宗子雩百生。』

沈子毁：『用络多公。』

太师虘豆：『用邵洛朕文祖考。』

秦公钟：『用邵考𩂣音。』

『各』『络』『洛』也必与『𩂣』同义。这些字过去也都释『格』，义为至。从辞义看，在此训至，绝不可通。说文云：『𩂣，雨零也，从雨各声。』『𩂣』字本义当为落，从雨当是表示雨降落之意。诗卫风氓：『桑之落矣，其黄而陨。』安徽阜阳双古堆一号汉墓出土诗经『落矣』作『洛诶』（阜阳汉简诗经，文物一九八四年第八期）。『洛』字义也必为落。由此我们可知『各』当是『落』之初文。卜辞『各日』即落日，辞义甚为明白。『各』字甲骨文作『各』或『各』，『夂』是倒『止』，甲骨文凡是前进、上升都用『止』（止）表示，凡还复、降落都用

「夂」表示。「各」当是用「夊」表示降落之意，「口」或「凵」则表示落地之意。「各」是「落」之初文，后加不同的偏旁孳乳为「络」「逄」「洛」「客」「格」等字，「洛」加「艸」又成为「落」字。「各」本义为降落，引申为至，说文训「各」为异词，则是假借。

善鼎　沈子毁　太师虘豆　秦公钟之「各」「络」「洛」「零」等字训至，辞义不可通。尹光鼎：「王乡酒，尹光逦，佳各。」杨树达谓「各」当读为「愘」，「愘，敬也」（积微居金文说）。从辞义看，甚确。此字说文作「愘」，古书多作「恪」。论语为政：「道之以德，齐之以礼，有耻且格。」汉祝睦碑作「有耻且恪」，费凤碑作「有耻且络」。「络」与「恪」「格」通用。「格」字何晏云：「正也。」后人多从何说。汉书货殖传云：「于是在民上者道之以德，齐之以礼，故民有耻而且敬。」这是引用论语的，班固显以「格」义为敬，据此，「洛」「格」义也为敬。「各」「络」「洛」「零」等字义为敬，则辞义便可畅通无碍。

「各我宗子雩百生」，是说敬我宗子百生，「百生」即「百姓」，是指同宗族的子孙。「用络多公」，是说以敬先公。「邵洛朕文祖考」，是说尊敬若父。「邵考零音」，是说尊敬享祭。卜辞有云：「王其各于大乙，升伐，不冓雨」（甲六六三），「各」义也必为敬。昭公二十五年左传：「宋乐大心曰，我不输粟，我于周为客。」虞、夏、商之后于周为客而称「三愘」，「愘」义为敬盖是由客引申的。「各」本义为落，由落引申为至，由至引申为客，由客引申为敬。

总之，我以为「各」应是「落」字的初字，是降落之意，后加不同的偏旁孳乳为「逄」

『络』『客』『洛』『䨲』『恪』『愙』『格』『落』等字。因此古代可以通用。后世由于引申、假借，义各不同，用字逐渐有所区别，于是成为不同的字。

上面所说是从汉字字形的演变发展研究古文字。但古字有许多后世失传了，字形不认识，或者没有偏旁增省、改换的变化，这类字就不用字形的演变来研究。这应该从字义来考察。文字是语言的符号，古代作为一个词的古字，因不用而失传了。但如这个词还存在，语言里仍继续使用，则古书里必定是有的，这必会用另一个字来作为它的符号，或者假借一个字，或者另造一个新字。这种用字不同，在古书里是常见的。我们对照语例，研究语意，便可以推考。

这里也举个例子来说。

甲骨文有『⿲⿱耒犬⿱耒犬⿱耒犬』字。这个字后世失传了，不认识。秦公钟云：『⿰⿱耒犬⿱耒犬龢万民。』『⿲⿱耒犬⿱耒犬⿱耒犬』和『⿰⿱耒犬⿱耒犬』显是一字，这句话与尧典『協和万民』语例一样。宋代学者对照这两句话，释『⿰⿱耒犬⿱耒犬』为『協』。『協』字形与『⿰⿱耒犬⿱耒犬』显不相同，但从语意上讲，这两个字义必相同，尧典用『協』当是后世改用以代替『⿲⿱耒犬⿱耒犬⿱耒犬』字的。『協和万邦』，史记五帝本纪作『合和万国』。这是司马迁改用『合』字，这是因为司马迁以『協』义与『合』相同。由此我们可以推知，『⿰⿱耒犬⿱耒犬』义也必为協和合。

这个字的字形有人以为是『从二耒二犬，古代或用犬曳来耕田』（胡厚宣卜辞中所见之殷代农业），把它写作『⿱⿰耒耒⿰犬犬』。古代用犬曳来耕田，不闻有此事。这个字甲骨文有作『⿰⿱力犬⿱力犬』者，『⿰力力』实不象耒的形状。这是象两齿权。我以为此字实是二权二犬。这个字的本义我疑是田猎，是表示二人或更多的人一道持权携犬田猎，许多人一道田猎，大家合作，故引申为協合、協和。这与『劦』字本为许多人合力耕作，引申为協合、協和一样。

清代学者段玉裁、王念孙等创为同声通假之说，谓『同声之字古多通用』（郝懿行尔雅义疏）。百余年来学者多用此来研究训诂。研究古文字者也都用这种学说考释甲骨文和金文。他们动辄说，某字与某字古音同在某部，可以通用。或者说，以声类求之，某字当读为某字。这种方法已有人指出是有流弊的，我认为这根本就是错误的。同声通假这种学说在逻辑上就不通。这种学说是根据古音分部的。段玉裁说：『凡假借必同部同音。』（说文『丕』字段注）这虽不完全正确，但还是有部分道理的。因为假借字都是假声音的，必是同音或同声或声音相近，否则不能假借。但是，反过来，是不是凡同部同音的字便都可以通用呢？显然不能这样说。因为这样说乃是逆定理，逆定理是不能成立的。事实上古代也不是同部同音的字都可以通用。用同声之说研究训诂、考释古文字，所用的正是逆定理。

我们讲通用，应该明了什么是通用。清代学者只说同声通用，对此没有明确的定义和界限。最近我看到有人说：『通假即凡同音字都可以互相代替。』这样说，通假便成了个漫无边际、漫无规律可寻的东西。漫无边际、漫无规律，便无法研究。我们认为通用应是这样：语言里一个词用两个或几个字作为它的符号，这两个或几个字称为通用或通假。这也就是所谓数字一义，『异字同言』。通用既是这样，那么，这两个或几个字只有同用为一个词的符号时才通用，在其他地方未见得都通用。因为通假字所用的是假借义，一个字除了假借义以外，还有本义和引申义，当各用其本义或引申义时便不能通用。例如上举的『亡』『毋』『無』三个字，当它们同用为『無』这个词的符号时，可以通用，但死亡、丧亡、逃亡便不能用『毋』或『無』。又如『佯』这个词，在古书里，有的假用『詳』字，如史记楚世家：『张仪至秦，詳醉坠车，称病不出三月。』有的假用『陽』字，如汉书田儋传：『田儋陽为缚其奴。』『詳』与『陽』通用。但『詳』和『陽』只有作为『佯』这个词的符号时才通用，太陽、阴陽便不能用『詳』，詳审、詳略便不能用『陽』。可见通用是有一定范围的，并不是只要声音相同便在所有的地方都可以通用，更不是凡同音字都可以互相代替。可知『凡同声之字古多通用』是不符合事实的，于理也是难通的。

『同声通假』这种提法是否正确就值得怀疑。这种提法是说两个或几个字声音相同，可以通用。换句话说，这两个或几个字之通用是由于一些字的声音相同。我们试再稍深入点思考一下，便可知这种提法是不合理的。一个字假用为一个词的符号，是因为这个字的声音与这个词的声音相同。另外一个字假用为这个词的符号，也是因为这个字的声音与这个词的声音相同。这两个字之所以通用是由于这两个字同为这个词的符号，声音与这个词相同，而不是由于这两个字的声音相同。『同声通假』离开语言，只就两个字的声音相同为说，显然是错误的。

古书里有很多通用字，其之所以通用，是各有不同的原因。有的是在文字演变发展中形成的异体字；有的是时代不同，用字不同；有的是由于方言不同而写的别字。

这里也举几个例子来说。

朱骏声说文通训定声云：『从，相听也，从二人……假借为從。』又云：『從，随行也，从辵从从，会意，假借为从。』『从』甲骨文作『从』，是象一人跟随另一人之形，其本义当为随从，引申为听从。后加『彳』作『𢓊』。金文加『辵』作『從』。『從』只是『从』加偏旁而已，二字即是一个字，当然通用，不是假借。说文将其分为两个字，一训听从，一训随从，是没有了解这个字演变的历史，拘于篆文的字形而强为之说的。

说文『傅』字段玉裁注云：『古假为敷字，如禹敷土，亦作禹傅土是也。』禹贡『禹敷土』，史记夏本纪作『禹傅土』。又尚书益稷『敷纳以言』，汉书成帝纪引作『傅纳以言』。尚书文侯之命『敷闻在下』，后汉书东平宪王苍传引作『傅闻在下』。『傅』『敷』通用。

说文：『尃，布也。』诗长发：『不刚不柔，敷政优优。』昭公二十年左传和说文引作『布政优优。』禹贡：『篆簜既敷。』史记夏本纪作『竹箭既布』。汉书陈汤传：『前至郅支城都赖水上，离城三里止营傅陈。』师古云：『傅读曰敷。敷，布也。』金文也有『尃』字，义也为布。毛公鼎：『麻自今出入尃命于外。』『尃命』意显为布命。『尃』『傅』『敷』『布』义都相同。『尃』『傅』『敷』，显是一字之变，即『尃』加不同的偏旁而成『傅』及『敷』。史记司马相如列传：『汜尃护之。』徐广云：『古布字作尃。』『布』乃是后世改用的。这是因为『尃』

『傅』『敷』都训布，后世使用『布』字，『布』后俗又作『佈』。

尚书舜典：『让于稷，契暨皋陶。』说文引作『臮咎繇』。禹贡：『淮夷蠙珠暨鱼。』史记夏本纪及汉书地理志作『淮夷蠙珠臮鱼』，诗泮水正义引作『淮夷蠙珠洎鱼』。尚书无逸：『爰暨小人。』诗商颂谱引作『爰洎小人』。『暨』『臮』『洎』通用。段玉裁谓『洎』『暨』是『臮』之假借字。说文『臮』字段玉裁注云：『或假洎为之，……亦假暨为之。』说文『暨』字段玉裁注云：『臮之假借多作洎作暨。』说文云：『眔，目相及也。』卜辞和铜器铭辞都用『眔』为连接词，与『臮』『洎』相同。很明显，『臮』『洎』乃是『眔』字的讹变，它们通用不是假借。『暨』乃是后世改用的。『暨』与『眔』声音不同，用『暨』当是由于『暨』也有及义，与『眔』略同的缘故。『臮』徐铉音其冀切，与『暨』相同，这乃是他不知道『臮』是『眔』之讹变，因其与『暨』通用而臆度的。段玉裁又以『眔』古音入八部，而『臮』入十五部，一字分属两部，则更是错的。

尚书尧典：『光被四表。』汉魏人引用有作『廣被四表』或『横被四表』者。尔雅释言云：『桄，光也。』王引之云：『光被之光作横，又作廣，字异而声义同。』又云：『光、桄、横古同声而通。』（经义述闻光被四表条）段玉裁、王引之等把这几个字当作同声通假的典型例子。我以为这实不是同声通假，而是前后用字不同。

叔向父簋：『廣启禹身，勵于永令。』士父钟：『用廣启士父身。』襄公十年左传：『君若犹镇抚宋国，而以偪阳光启寡君，群臣安矣，其何贶如之？』国语郑语：『夫其子孙必光启土，不可偪也。』很明显，『光启』必就是『廣启』。由此可知，『廣』和『光』必是先用『廣』，后改用『光』。

襄公十八年左传：『齐侯御诸平阴，堑防门而守之廣里。』『廣里』郡国志作『光里』。水经注河水：『今防门北有光里。齐人言廣音与光同。即春秋所谓守之廣里也。』这更足以证明『廣』和『光』是前后用字不同。『廣』之所以改用『光』，乃是因为齐地方言『廣』与『光』音相同的缘故。

以『廣』『黄』为声旁的字又可用『光』为声旁，如：艤、觥，纊、絖，潢、洸、滉，熿、晃，横、桄，这必是『廣』改用『光』以后连带改的。说文云：『觥，俗艤从光。』『觥』许慎时还是俗字，由此可推知，以『廣』『黄』为声旁改用『光』为声旁，当是汉代改的。『桄』字尔雅释文云：『桄，孙作光。』尧典正义云：『光，充也，释言文。』据此，尔雅『桄』字本作『光』，从木是后加的。

『光被四表』，过去训释不一。郑玄以『光』义为光耀，此是『言尧德光耀四海之外』。宋蔡沈尚书集传谓：『光，显也。』清戴震谓：『尧典古本必有作横被四表者。横被，廣被也。』诗敬之：『学有缉熙于光明。』传云：『光，廣也。』国语周语：『叔父若能光裕大德。』韦昭注云：『光，廣也』。『光』义与『廣』相同，这显即同一个词的缘故。从这种情况看，我们疑尧典原作『廣被四表』，其或有用横者，因『横』『廣』义同。

尚书康诰：『殪戎殷。』中庸作『壹戎衣。』『衣』与『殷』通用。现时研究古文字者据以谓甲骨文『衣』字应该为『殷』，『衣』是地名，是殷商的国号，殷本国号为『衣』，后由于周人对殷人的敌忾，改称它为『殷』。中庸郑玄注云：『衣读如殷，声之误也，齐人言殷声如衣。』吕氏春秋慎大览高诱注云：『今兖州人谓殷氏皆曰衣。』很清楚，读『殷』为『衣』乃是读音错误造成的。即齐及兖州地方音读『殷』为『衣』。这样，作中庸的人把康诰的『殷』字误写为『衣』字，这实际上是个别字。『衣』是个别字，现在反而说『衣』是本字，『殷』是以后假用的，这显是本末颠倒，怎么能说得过去呢?!甲骨文和金文的『衣』字实没有一个是用为地名者，更没有一个是殷商的国号，先秦古书也从不见有说殷商的国号为『衣』者。谓『衣』为地名，是殷商的国号，纯系凭这个错别字幻想、曲解卜辞和金文而虚构的。对此古文字学者信而不疑，历史学者据以写殷周历史，真令人不解。

文字的通用是有各种不同的原因的，对此我们应当对具体的情况作具体的研究，清代学者段玉裁、王念孙等简单地用同声通假来解释，显然是不科学的。我们用这种非科学的方法来考释古文字，岂非缘木求鱼？

（原载安徽师范大学学报（哲学社会科学版）一九九〇年第一期）

胡澱咸传略

胡功録

胡澱咸（一九一〇—一九九〇年），又名胡朝渤，字瀣湄。安徽芜湖人。我国著名的历史学家，古文字学家。一九一〇年（农历庚戌年）正月初九生于芜湖县保沙乡胡湾村一书香世家，幼承庭训，学有根基，于兄弟六人中行四。父亲胡宗璆，饱读诗书，睿智博洽，虽居僻壤，但思想开明，雅重教育，曾在家乡创办新式学堂（两斋小学），又倾其家资，除留长子守持祖业外，其余五子悉令外出读书，后皆学有成就，所谓一门五教授，乡里传为美谈。

胡澱咸少有大志，年不足十一岁，便毅然辞别父母，只身徒步赴芜湖省立第五中学读书。虽布衣素食，但仍焚膏继晷，发奋诵读，每半年始一返。当此之际，二哥胡稼胎（曾任武汉大学教授、国立安徽大学文学院院长、北京大学教授）从香港大学毕业，慨然代父母担负起供诸弟读书之重任。胡澱咸得此力助，于江苏省立一中、南京中学完成中学学业，并于一九三〇年顺利考入国立中央大学历史系。一九三一年，他刚入大学不久，就发表了《青弋江流域概述》一文。次年，与同学陈瘦石合作翻译了荷兰裔美籍作家房龙所著的《世界地理》（全书五十余万字，胡澱咸译亚洲及东欧部分，二十余万字），由上海世界书局出版。当时《大公报》及上海《时事新报》副刊《学灯》均有介绍和评论，认为是较好的译本，有些地方优于傅东华译本。因学习成绩优异，他连续四年获得校系奖学金。一九三四年，他又依据英文本，参照法文本和德文本，独立翻译了卅余万字的《希腊哲学史》。

大学毕业后，胡瀫咸曾有半年失业在家，他再次认真研读了前四史和《资治通鉴》，并作了详细的笔记，这不仅加深了他中国古代史的修养，也促使他将中国古代史作为自己毕生主要的研究对象。一九三五年二月，他应聘去由柳翼谋先生主持馆务的江苏国学图书馆任编校。在馆两年中，他坐拥书城，经史百家，无所不读，又亲聆柳先生的指教，学业精进。其间，他协助柳先生完成了《首都志》的编撰，并发表论文《南京的佛寺与道观表》。

抗日战争爆发后，胡瀫咸被迫结束了两年多相对平静的、充满学术趣味的工作，怀着对日寇的极大愤慨，辗转到了四川。先是在四川乐山中学任史地教员。两年中，他发表了《高齐为鲜卑人考》《北周赐姓考》《汉武帝独尊儒术考》等古史考证文章，认为北齐高氏，非旧史所谓是渤海人、蓨人、汉人，而是鲜卑人；旧史谓北周宇文泰赐功臣鲜卑姓，实是恢复鲜卑姓，谓赐姓乃唐人修史者的曲笔。这些论点，不仅纠正了旧史之误，也影响了北史及唐史的研究，受到史学界前辈顾颉刚、徐中舒等人的器重，也因此得于一九四〇年八月受聘到四川大学历史系任教，在文学院、法学院主讲中国通史，为历史系开设秦汉史。此间，撰写了数十万字的《秦史纲要》《两汉史纲要》，因教学成果优异，于一九四三年七月被提升为副教授。

抗战胜利后，胡瀫咸婉拒四川大学的挽留和其他大学的邀请，怀着献身家乡教育的热忱，应聘于国立安徽大学，在历史系、文学院主讲中国通史、世界通史、中国文学史、魏晋南北朝史。

中华人民共和国成立后，安徽大学由安庆迁至芜湖，后改名安徽师范学院。胡澱咸积极参与组织学生复课，并努力学习辩证唯物主义和历史唯物主义，试着以新的唯物史观指导自己的教学和科研，且所获甚丰。二十世纪五十年代初，为更全面、深入地把握商、周两代的历史，他又开辟了一个新的研究领域——甲骨文和金文。对古文字的艰辛探索，使他的古史研究如虎添翼，其先秦史方面的论文也因增加了古文字的有力佐证而更显其学术价值，形成了史学和古文字学相得益彰，交相辉映的鲜明学术风格。一九五四年九月，他的一篇将史学研究与古文字研究融为一体的专论《殷代生产工具的研究》问世。在这篇十余万字的专论里，他考证出甲骨文『』字即是铁字的初文，这是甲骨文考释的一个重要发现，也是甲骨文考释的一大贡献。他是我国第一个考证出甲骨文铁字的人。在此文中，他又从甲骨文考证出殷商时代已有锄、铲、镂、犁等农具，并推论，这些农具已是铁制的，且殷代已有牛耕。这是一个合乎逻辑的重要创见。此文曾被安徽省作为重要科研成果上报教育部。

一九五六年，他发表了史学论文《周室东迁考》；同年，独力撰写约四十万字的《中国古代及中世纪史》，成为当时全国高校通用的三部教材之一。一九五七年一月，他发表了两篇甲骨文考释文章《释罘臣》《释比》，认为甲骨文『』字是奴隶的『隶』字的本字，像奴隶痛苦流泪

之形，『臣』字乃『罘』字之省，从而以最真实可信的甲骨文资料，直接有力地证明了殷商时期是奴隶社会。胡澱咸所取得的这些科研成果，在当时安徽史学界是无与伦比的。这不仅确立了他在中国古代史、古文字学研究领域的学术地位，也对中国古史分期、殷商社会制度和土地制度等问题的研究，产生了巨大的影响，学者因此尊称他为『铁老』。

胡澱咸不仅是一位治学严谨、学识渊博的学者，也是一位深受学生欢迎、尊敬和爱戴的仁厚可亲、诲人不倦的好教师。他在大学执教五十年，其授课所用教材都是经过潜心研索后自编的，多为自己的心得或创见，从不囿于成说，他备课一丝不苟，厚积而薄发，课堂上的讲授都经过深思熟虑；他讲课，能熟练地将理论与史料结合，把古今中外融会贯通、条理清晰、语言生动简洁，深入浅出地把一些深奥的知识传授给学生；他循循善诱，使学生如沐春风。学生们不仅从他那里学到了专业知识，也学到了做人的道理和做学问的门径。甚至他那优美的板书，下课后学生都舍不得擦去，而留着欣赏、临摹。他对所辅导的青年教师满腔热忱，将自己几十年的教学经验毫无保留地传授给他们，并为他们逐字逐句地修改教案，答疑解难，其扶掖后进之诚堪为人师之楷模。一九五六年，胡澱咸因在教学、科研两方面所取得的优异成绩，作为安徽省史学界的杰出代表，被选为安徽省社会主义建设积极分子，旋即被任命为安徽师范学院历史系副主任。他为安徽师范学院历史系的建立与发展，为安徽史学人才的培养作出了杰出的贡献。

正当胡澱咸在学术上开始进入巅峰状态的时候，却于一九五七年被错划为右派。但胡澱咸以俯仰无愧的精神、坦荡的胸怀，平静地承受着加于他的种种不公正待遇。尤其难能可贵的是，他仍以超人的顽强毅力坚持学术研究，即使是在『文革』时期，也从未间辍，人不堪其忧，他也不改其乐。一九六三年除夕夜，他看着自己浮肿的双腿，环顾面有菜色的妻儿，写下了『五十四岁今又过，蓬门冷壁岁云终』『心惨雀粒向妻子』『发短愁长催易白』等诗句，但也就在同一天晚上完成了《兮甲盘》《颂鼎》两篇金文考释文章，真正达到了『不以物喜，不以己悲』『脱心志于俗谛之桎梏』的境界。他的关于甲骨文、金文研究的文稿大多是在一九五七至一九七六年这极其艰难的二十年里完成的。他正是以这种坚强不屈的精神，以一个历史学家的深邃目光认定天意必不废斯文，一个国家只有尊礼科学文化而后方得昌盛，坚信中国的前途是光明的。

十一届三中全会以后，胡澱咸廿二载沉冤得以昭雪，并于一九八一年被提升为正教授，同时被聘为安徽师范大学首批硕士生导师。他不顾年逾古稀，沉疴在身，以全部热诚投入学术活动中。他抱病为历史系开设古文字学选修课，作专题学术报告，参加全国及省学术会议，担任先秦史硕士生导师，昕夕握笔，整理撰写论文，不知老之将至。在此期间，他又发表了《马嵬驿事件真相》《四川青川秦墓为田律木牍考释》《试论殷代用铁》《释史》《释衣》《释鲁》等在全国史学界有影响的论文数十篇，所著甲骨文、金文考释一百余篇，数十万言，力辟陈说，阐发了自己的独创见解，从而在古文字学界独树一帜，自成体系，为推动学术的进步和繁荣作出了难能可贵的贡献，受到海内外学者的推崇。胡澱咸一生著述数百万言，虽获省教委科研基金资助，已整理完毕，但由于种种原因至今未能出版，实为一憾事。

胡澱咸热爱祖国，热爱中华民族的优秀文化。他始终深情地关注着祖国的前途、人民的命运，从不以自己的利害得失为念，表现了一个正直的知识分子『先天下之忧而忧，后天下之乐而乐』的高风亮节，他孜孜于学问六十余年，淡泊自守，终身未尝一藉时会毫末之助。他为人正派，刚正不阿，他常告诫子女『做人不可有傲气，但不能无傲骨』。他以一生的实践，保持了自己高尚的人格和气节。几十年来，他以精深的学术思想培养了一批又一批莘莘学子，堪称一代宗师。即使在重病缠身、卧床不起的晚年，仍然为研究生讲课，鞠躬尽瘁，死而后已。受业于他的三位硕士研究生裘士京、于琨奇、李修松，均已成为卓有成就的史学专家。

胡澱咸一九三七年与束际洪女士结婚。束际洪为著名历史学家束世澂之长女，毕业于金陵女子大学中文系，她秀外慧中，与丈夫几十年相濡以沫，共度时艰，堪为贤内助。胡澱咸有五男二女，均学有专长，成为社会有用之材。长子功節，为黑龙江省阿城制糖机械厂副厂长，享受国务院特殊津贴的高级工程师；次子功等为铜陵七〇一中学高级教师；三子功篪为安徽省第七、八届政协委员，芜湖市二十八中校长，高级教师，中国教育学会体育科学研究会理事，全国优秀体育教师，全国优秀体育工作者，安徽省教育系统先进个人；四子功符为芜湖市中医药高等专科学校教师，除得其外祖父真传外，本人又潜心钻研，医道日精，热心为病家医治疑难杂症，享誉海内外；五子功籙为安徽师范大学图书馆古籍部副研究馆员；长女功箹为合肥市珠宝学校教师；小女功筱在上海易初摩托车公司安徽分公司工作。

一九九〇年元月二日晚，胡澱咸突发脑溢血，经抢救无效，于元月四日下午二时逝于芜湖弋矶山医院。安徽师范大学数百名师生员工及亲朋好友参加了他的遗体告别仪式。他的学生，著名历史学家、安徽师范大学校长张海鹏教授送有挽联：『释金唯谨，研甲唯勤，仰先生道德文章，恰似高山流水；立雪未终，传薪未绝，诲弟子诰盘史乘，何啻膏雨春风。』安徽师范大学图书馆馆长孙文光教授写有挽联：『八秩华龄，六旬执铎，四域春风传绛帐；廿载衔冤，百年心事，一编遗著惠学林。』

哲人不萎，风范长存，历史终于给这位正直清贫的历史学家作出了公正的结论。

后记

《甲骨文金文考释与研究》是家父在中国古文字学领域的主要研究成果，现在能以国家出版基金资助项目高规格出版，这不仅是学术界和出版界对家父研究成果与学术水平的充分肯定，也是商周史和古文字研究领域的一件大事。

十九世纪末，甲骨文的发现，使殷商史和中国古文字的研究发生了巨大的变化。此前，殷商史的研究，一直苦于『文献不足征』，以至于想写出一部史料丰富、内容详实、结构完整的商代历史竟成为十分困难的事。清末以前的中国古文字研究，也因研究者们都没见过甲骨文，许多汉字在创造时原始的字形、字义都不知道，故而他们的研究多囿于许慎的《说文解字》和六书，甚至将形音义本为一体的汉字割裂成研究字义的为训诂学，研究字音的为音韵学，研究字形变化的为文字学。以这种形而上学的方法想寻找出中国文字的确切含义和发展规律，岂非缘木求鱼。

家父毕业于国立中央大学历史系，他主要的研究领域是中国古代史，在先秦和两汉史方面着力尤多。在四川大学、国立安徽大学、安徽师范学院，他一直主讲中国通史，并著有《秦史纲要》《两汉史纲要》《中国古代及中世纪史》。为更深入地研究先秦历史，家父于二十世纪四十年代后期开始涉足中国古文字领域。他将甲骨文和铜器铭辞作为最直接且真实可信的史料来研究。一九五四年，他将殷商史研究和甲骨文研究融合在一起，经过旁征博引、周密严谨的论证，写就了《殷墟为铁器时代》（又名《殷代生产工具研究》），在全国率先考证出『』为甲骨文铁字的初文，并认为在商代许多生产工具已是铁制的。这是甲骨文和殷商史研究领域一个重大的创见，学界因此尊称家父为『铁老』。一九五七年，家父公开发表了《释罘臣》《释比》两篇甲骨文考释文章，认为甲骨文『』即为奴隶的隶字，像奴隶痛苦流泪之形，用原始的甲骨文资料为商代是奴隶社会提供了有力的佐证。一九五七年，家父被错划为右派，再也不能上讲台和发表论文。但他并未因此而消沉，虽然政治上受委屈、经济上极贫困、身体又病弱，但他仍坚持在白天的劳作后，拖着疲惫的身子，挑灯夜读，奋笔疾书。他所走过的学术道路可谓崎岖坎坷，他为史学、古文字学所作的努力堪称艰辛卓绝。他的百余篇甲骨文金文考释文章，大多是在错划为右派后的二十余年间完成的。他通过这些考释，归纳整理出独创的自成体系的古文字考释的方法和理论。人不堪其苦，他却不改其志！家父的这些研究成果，是对商周史和古文字研究的重大贡献。

《甲骨文金文考释与研究》能顺利出版，要感谢的人很多。首先要感谢安徽师范大学出版社社长张奇才教授，他在选题立项、组织专家论证、安排编辑校对和印制等各个环节，都倾注了感人的心力和真诚；其次要感谢安徽师范大学历史学院博士生导师裘士京教授为本书写了一篇文采斐然的序；再次还要感谢安徽大学历史学院博士生导师李修松教授，他将十一万字油印本的《殷墟为铁器时代》作了认真审读并誊写一新；感谢安徽师范大学文学院博士生导师詹绪佐教授对本套丛书进行了精心的校阅，并提出许多宝贵的意见；我还要特别感谢我的舅舅上海市委党校教授束际成先生，他不顾年迈多病，花费巨量的精力和时间，将家父的铜器铭辞考释的全部文章作了细致精确而全面的整理，为今天的顺利出版奠定了坚实的基础；当然，我还要感谢国家出版基金规划管理办公室和安徽师范大学历史学院为本书的出版所提供的资金支持；最后，我要感谢安徽师范大学出版社所有参与本书编辑、校对、摹写、设计、印制等工作的朋友，他们不惮繁难、精益求精，确保了本套丛书如期高质量地展现于世。

家父离开我们已经三十二年了，他老人家生前没能亲眼看到凝聚着自己毕生心血的研究成果结集出版，留下无尽的遗憾！好在苍天有情，让《甲骨文金文考释与研究》得以出版，历史终于给家父这位学养深厚、忠于史学、坚贞弘毅的史学家、古文字学家做出了公正的评价。二〇一九年，国家博物馆举办了纪念甲骨文发现一百二十周年展览，意在宣传赞颂这种在中国使用、传承了三千多年的伟大文字。我们也衷心期盼父亲的研究成果能伴随这伟大的文字久久地流传下去。

胡功籙

二〇二二年六月